GODOVITS

DRINKS & DREAMS
KOSTBARKEITEN AUS DER PRICKELNDEN WELT DER GETRÄNKE

Drinks & Dreams
KOSTBARKEITEN
aus der prickelnden Welt der Getränke

Helmut Godovits

REZEPTE VON HELMUT GODOVITS, HOTEL- UND TOURISMUSSCHULEN MODUL, WIEN.

DIE ABGEBILDETEN DRINKS WURDEN VOM FOTOSTUDIO LIESL BIBER, BISAMBERG, AUFGENOMMEN.

SERVIEREN SIE IHREN COCKTAILMIX IN EINEM GLAS AUS EIS (SIEHE ABBILDUNG AUF DER RÜCKSEITE DES BUCHES UND ABBILDUNG DES DRINKS „BLAUE LAGUNE" IM BUCHINNEREN) UND VERWÖHNEN SIE SO IHRE GÄSTE MIT EINEM EINMALIGEN TRINKERLEBNIS.

INFORMATIONEN ZU „ICEGLAS" GIBT:

ICEGLAS HERNFELD KEG
GUSTAV-TSCHERMAKGASSE 18
1180 WIEN
TELEFON: 01/478 19 90 ODER 01/317 76 62

Bereits in der ab 1998 gültigen Rechtschreibung gesetzt.

Idee und Konzept: Julius P. Breitschopf

INHALT

REZEPTE – UNTERTEILT NACH BASISGETRÄNKEN

WARENKUNDE

Wenn Sie eine Hausbar planen, finden Sie auf den nächsten Seiten einige Orientierungshilfen für die Ausstattung.

SPIRITUOSEN

Das Genussmittel Alkohol hat wie vieles auf dieser Welt zwei Seiten. Einerseits hilft Alkohol, in geringen Mengen genossen, Gespräche zu entkrampfen oder eine Party in Schwung zu bringen. Andererseits kann Alkohol, in größeren Mengen genossen, zum Suchtgift werden. Trinken Sie keinen Alkohol, wenn Sie später noch Auto fahren müssen. Die Toleranzgrenze des Alkoholkonsums liegt zwischen 30 g und 80 g reinem Alkohol. 80 g reiner Alkohol entsprechen 5 Gläsern Wein oder 13 kleinen Bieren oder 8 Gläsern Sekt. Alkoholfreie Getränke, auch Mixgetränke, sind hier die Antwort. Heute mokiert sich niemand mehr, wenn jemand ein alkoholfreies Getränk zu sich nimmt.

Was ist Alkohol?

Der Name Alkohol stammt aus dem Arabischen und bedeutet so viel wie „Der Berauschende". Alkohol wird durch Gärung (z. B. bei Bier oder Wein) oder durch Destillation von stärkehaltigen Stoffen gewonnen. Je öfter destilliert wird, desto hochprozentiger ist der Alkohol. Das Prinzip der Destillation besteht darin, dass eine alkoholhaltige Flüssigkeit oder Maische über 79 Grad Celsius erhitzt wird (aber unter 100 Grad Celsius). Der Äthylalkohol verdampft und wird danach im Kondensator wieder abgekühlt. Beim zweiten Mal Destillieren (Brennen) werden Vor- und Nachlauf ausgeschieden und nur der Mittellauf zur weiteren Veredelung herangezogen.

BRANNTWEINE AUS WEIN

Cognac

Cognac ist sicherlich der berühmteste Weinbrand der Welt. Er stammt aus Frankreich, aus dem gesetzlich geschützten Gebiet „Charente". Es wurde bereits 1909 gesetzlich festgelegt. Die Charente liegt nördlich von Bordeaux und umfasst rund 80.000 ha Rebenfläche. Ihr Zentrum ist das verträumte Städtchen Cognac. Das Cognacgebiet umfasst 6 Teilgebiete, die sich in Kreisform Richtung Atlantik hin ausdehnen. Die bekanntesten sind die „Grande Champagne" und die „Petite Champagne". Einen Verschnitt von mindestens 51 % Grande Champagne mit Petite Champagne nennt man „Fine Champagne". Cognac darf nur aus den Weißweinrebensorten Ugni blanc, Colombard und Folle blanche hergestellt werden. Cognac wird in Brennblasen, Alambics genannt, 2-mal über offenem Feuer destilliert. Die Lagerung erfolgt in Limousin-Eichenfässern. Dieses Holz ist besonders grobporig, so dass einerseits Alkohol sich verflüchtigen und andererseits Sauerstoff von außen einwirken kann. Der Cognac reift dadurch besser. Im Normalfall wird Cognac 25 Jahre in Fässern gelagert, danach wird er in Glasballons umgefüllt, um ein weiteres Verdunsten des Inhaltes sowie einen weiteren Verlust des Alkohols zu vermeiden. Wenn man bedenkt, dass jährlich der Inhalt von rund 20 Millionen Flaschen im ganzen Cognacgebiet verdunstet, so kann man sich vorstellen, warum die Franzosen diesen Schwund „Anteil der Engel" nennen. Der Mindestalkohol für Cognac beträgt 40 % Vol. Darunter dürfte er sich nicht mehr Cognac nennen.
Cognac wird vom Gesetzgeber nur bis zu einem Alter von 6 Jahren kontrolliert. Die Altersangaben am Etikett beziehen sich immer auf den jüngsten Anteil des Verschnittes.
3 Sterne bedeuten z. B. eine mindestens 2-jährige Fasslagerung, VSOP eine mindestens vierjährige Fasslagerung und X.O. oder Extra eine mindestens 6-jährige Fasslagerung. Das tatsächliche, meist über diese vorgeschriebene Zeit hinausgehende Alter, wird aber letztendlich von der Qualitätspolitik des jeweiligen Hauses bestimmt. Große Cognac-Hersteller wie Hennessy oder Remy Martin empfehlen ihre jungen Cognacs mit Eiswürfeln zu trinken, um auch die jüngere Generation auf ihre Produkte aufmerksam zu machen. Cognac eignet sich natürlich auch für die Zubereitung von Mixgetränken. Es gibt eine Anzahl von Cocktailrezepten, die Cognac als Bestandteil haben. Cognac ist ein typischer Digestif und sollte im Schwenker oder der

typischen Cognactulpe getrunken werden. Als Trinktemperatur ist Raumtemperatur zu empfehlen. Das Anwärmen der Cognacgläser ist leider eine weit verbreitete Unsitte und wird nicht zur Nachahmung empfohlen.

Bekannte Cognac-Hersteller:
Hennessy, Remy Martin, Martell, Courvoisier, Hine, Otard, Gourmel.

Armagnac

Der Armagnac, er wurde schon lange vor dem Cognac urkundlich erwähnt, kommt aus der Gascogne, im Südwesten Frankreichs. Der Name Armagnac ist ebenfalls gesetzlich geschützt und die Grenzen seit 1909 genau festgelegt. Der Unterschied zum Cognac liegt auf der einen Seite in den Rebensorten, dem Boden und dem Klima und auf der anderen Seite in der Weinbereitung. Armagnac wird im Gegensatz zu Cognac in einem fortlaufenden Verfahren destilliert. Seit 1972 ist auch die zweifache Destillation nach dem Charenteser Brennverfahren (Cognac) zugelassen. Die Zugabe von Aromaverstärkern ist durchaus üblich. Armagnac wird meist aus Destillaten verschiedener Jahrgänge verschnitten. Es gibt aber auch eine erhebliche Anzahl an Jahrgangs-Armagnacs (millésimés), d. h. die Weine dürfen nur aus einem Jahrgang stammen. Armagnac wird in Eichenfässern mit einem Fassungsvermögen bis zu 420 Litern gelagert. Das Holz stammt aus Eichen der Umgebung. Die Altersangaben auf dem Etikett entsprechen immer dem jüngsten Destillatanteil.

Bekannte Armagnac-Hersteller:
Marquis de Montesquiou, Janneau, Marquis de Vibrac.

Weinbrand

In den deutschsprachigen Ländern wurde Weinbrand bis 1919 als Cognac bezeichnet. Nach Ende des 1. Weltkrieges wurde im Vertrag von Versailles den deutschsprachigen Ländern die Verwendung der Bezeichnung Cognac untersagt. Der von Hugo Asbach verwendete Name Weinbrand wurde 1921 in der Bundesrepublik Deutschland generell übernommen.
Gemäß EU-Recht wird Weinbrand aus Weindestillat mit oder ohne Weinalkohol gewonnen. Die früheren Bezeichnungen – in Deutschland Branntweinverschnitt und in Österreich Weinbrandverschnitt – sind seit dem 31. Juli 1994 nicht mehr erlaubt.

BARGERÄTE

Von hinten links beginnend:

Sodawasserflasche
Zitruspresse
Aufsatzmixer
Shaker
Trinkhalmbehälter
Dash bottles (Spritzflaschen)
Eisbox und Eiszange
Sektzange
Barlöffel
Barsieb
Muskatreibe
Eisschaufel
Sektverschluss

Österreichischer Qualitätsweinbrand

Österreichischer Qualitätsweinbrand besteht zu 100 % aus Weindestillat, wobei der Grundwein aus Österreich stammen muss.

Bekannte Weinbrand-Hersteller/Marken:
Österreich: Mautner/Bouchet, Freie Weingärtner Wachau/Veltlinerbrand, Kollwentz-Römerhof/Weinbrand 43 % Vol., Mad/Blaufränkischbrand, Scharlachberg/Scharlachberg Meisterbrand, Stock/Stock 84.
Deutschland: Asbach Weinbrennerei/Asbach Uralt, Rehklau/Siegerbrand, Eckes/Chantré, Mariacron, Dujardin/Imperial V.S.O.P.

Brandy

Brandy ist ein Synonym für Weinbrand. Diese Bezeichnung wird vorwiegend in Spanien, Italien, Portugal und Frankreich verwendet.

Bekannte Brandy-Hersteller/Marken:
Gonzales & Byass/Soberano, Williams & Humbert/Gran Duque de Alba, Osborne/Veterano, Sandeman/Carpa Negra, Domecq/Carlos I, Fundador.

Tresterbrand

Tresterbrand wird aus den Pressrückständen der Weinmaische hergestellt. Die Tresterbrände Italiens werden als Grappa bezeichnet. In Frankreich nennt man sie Marc.

Bekannte österreichische Tresterbrand-Hersteller/Marken:
Guglhof/Feiner Tresterbrand, Hochstrasser/Schilcher Trester, Holzapfel/Riesling Treberner, Jamek/Gelber Muskateller.

Bekannte Grappa-Hersteller/Marken:
Gabbiano/Grappe di Ania, Giustiniana/Grappa di Gavi, Stock/Grappa Julia.

Spirituose aus Weingeläger (früher Gelägerbrand)

Dieses in Österreich eigenständige Produkt darf seit 31. 12. 1995 nicht mehr unter der Bezeichnung „Gelägerbrand“ hergestellt werden. Bezeichnungen wie Spirituose, hergestellt aus Weingeläger oder Hefebrand sind möglich.

Bekannte Hersteller/Marken:
Jöbstl/Schilcher Hefebrand, Faigl/Branntwein aus Weinhefe, Freie Weingärtner Wachau/Wachauer Reserve, Praepositus.

GETREIDEDESTILLATE

Gin

Der Name Gin wird vom holländischen Genever (Genièvre = Wacholder) abgeleitet. Als der Holländer Wilhelm III. von Oranien zum König von England gekrönt wurde, brachte er in seiner Gefolgschaft auch den Genever auf die Insel. Die Engländer wandelten den Genever auf ihren Geschmack um und nannten ihn „Gin". Wurde anfangs ein relativ billiger Fusel erzeugt, der fast eine nationale Krise heraufbeschworen hätte, so verfeinerte man bald die Zusammensetzung des Gin-Destillates. Heute zählt Gin zu den edelsten Spirituosen, der aus keiner Bar wegzudenken ist.
Als Basis dienen Roggen und Gerste. Der vergorenen Maische werden Auszüge von Wacholderbeeren und eine Gewürzmischung beigemengt. Diese Gewürzmischungen bestehen vor allem aus Koriander, Kümmel sowie Anis und werden von den Herstellerfirmen streng geheim gehalten. Die Lagerung erfolgt in Steingutbehältern oder Zisternen mit Glasbeschichtung. Gin macht somit keinen Reifungsprozess durch.
Neben dem Dry Gin 40 % Vol. und dem London Dry Gin 40-45 % Vol. sind noch andere Gattungen wie Old Tom Gin (ein leicht gesüßter Gin) oder Sloe Gin (mit Schlehen versetzter Gin) im Handel.

Bekannte Marken:
Gordon's, Bols, Lamplighter, Beefeater, Tanqueray.

Wodka

Ob Wodka zuerst in Russland oder in Polen hergestellt wurde, wird immer eine Streitfrage bleiben. Das Wort Wodka, „Wässerchen", existiert nämlich in beiden Sprachen. Tatsache ist, dass die bekanntesten Wodkas aus diesen Ländern stammen.
Grundmaterialien sind Getreidemischungen und Kartoffeln. Wodkas aus Skandinavien und Amerika sind reine Getreide-Wodkas.
Das Geheimnis der Wodkaherstellung liegt einerseits in der mehrmaligen Destillation im Pot-still-Verfahren und andererseits in der Filtration über Holzkohle. Der Wodka wird dadurch geschmacksneutral und weich.

Neben den bekannten Klassikern drängen heute viele aromatisierte Produkte, wie Lemon-, Orange- oder Mandarinen-Wodka auf den Markt.
Ob pur (eisgekühlt), gemischt mit Fruchtsäften oder als Bestandteil eines Mixgetränkes, Wodka ist aus der heutigen Barszene nicht mehr wegzudenken.

Bekannte Marken:
Absolut (Schweden), Danska (Dänemark), Eristoff, Bolshoi (USA), Gorbatschow, Nikita (Deutschland), Wyborowa (Polen), Finnlandia, Koskenkorva (Finnland), Stolichnaya, Krepkaya (GUS).

Whisky – Whiskey

Whisk(e)y ist der bekannteste Getreidebrand und kommt ursprünglich aus Irland und Schottland. Bedeutende Erzeugerländer sind heute auch die USA, Canada und Japan.

Scotch Whisky

Das Wort „Whisky" wird vom gälischen „Uisge beatha" – Wasser des Lebens – abgeleitet. Die älteste Erwähnung von Whisky datiert in das Jahr 1494, doch ist man überzeugt, dass schon weit früher Whisky hergestellt wurde.
Nach einer bewegten Geschichte, die von Schwarzbrennereien geprägt war, wurde aber eine Destillerie nach der anderen legalisiert. Hauptgrund dafür war ein 1823 verabschiedeter Erlass des Parlaments, der den Highländern größere Steuerfreiheit zubilligte. Es wurde prinzipiell Malzwhisky hergestellt. Die wichtigsten Bestandteile hierfür sind Gerste und das berühmte Highlandwasser. Die gekeimte Gerste wird über Torffeuer getrocknet, eingemaischt, vergoren und in Pot stills (Kupferkesseln) 2 x destilliert. Bei der 2. Destillation wird der Vorlauf (Foreshots) und der Nachlauf (Feints) zu Gunsten des Mittellaufes (Spirit) abgetrennt. Dieser Feinbrand wird danach in Sherry-, Portwein- oder Bourbonfässern gelagert. Die gesetzliche Lagerzeit beträgt 3 Jahre, doch werden meist 6 und mehr Jahre zur Reifung verwendet. Nach der Herkunft unterscheidet man noch zwischen „Highland Malts" und den weniger bekannten „Lowland Malts", die südlich der Linie von Greenock und Dundee erzeugt werden.
Eine revolutionäre Umstellung der Whiskyherstellung brachte 1860 die Erfindung von Aeneas Coffey. Mit seiner „Patent still oder Coffey still" genannten Methode, konnte Whisky kontinuierlich hergestellt werden.

Dieses Verfahren erlaubt eine weit billigere, schnellere und größere Produktion. Die nach dieser Methode hergestellten Whiskys werden als „Grain Whisky“ bezeichnet. Ab 1860 wurde dann auch „Blended Whisky“, ein Verschnitt von Malt- und Grain-Whisky, auf den Markt gebracht. Die Qualität eines „Blended Whisky“ wird vorwiegend durch den Malt Whisky bestimmt, da Grain Whisky eher neutral ist.
Die Altersangaben beziehen sich immer auf den jüngsten Destillatsanteil.
Malt Whisky sollte pur, eventuell mit Wasser getrunken werden. Er eignet sich auch hervorragend als Digestif. Malt Whisky bildet den Hauptbestandteil im berühmten Drambuie Likör. Blended Scotch hingegen trinkt man mit Wasser, eventuell Soda oder Cola.

Single-Malt-Whisky-Marken:
Glenfiddich, Knockando, The Glenlivet, Talisker, Oban, Lagavulin, Laphroaig, Cardhu, Glenmorangie. Rosebank und Auchentoshan sind Single Lowland Malts.
Eine Besonderheit bildet der „Invergordon“. Er ist einer der ganz wenigen „Single-Grain-Whiskies“, der in Flaschen abgefüllt wird.

Blended-Whisky-Marken:
J & B, Chivas Regal, Johnnie Walker, Black & White, Ballantines, Vat 69, Haig, Teachers.

Irish Whiskey

Der Werdegang des Irish Whiskeys ist ähnlich dem des Scotch Whiskys. Der Unterschied liegt nicht nur in der Herkunft, sondern auch im Herstellungsverfahren. Die gekeimte Gerste wird nicht über Torffeuer gedarrt, dadurch ist Irischer Whisky auch milder im Geschmack. Ein weiterer Unterschied sind die doppelt so großen Pot stills, in denen eine dreifache Destillation durchgeführt wird. Die Lagerung erfolgt in Sherry-, Bourbon- oder Rumfässern. Nach der Lagerung erfolgt das Verschneiden nicht nur nach Jahrgängen, sondern auch nach Fasstypen.
Ein fassgereifter Whiskey, dem nach der Reifung Alkohol aus anderen Getreidesorten beigegeben wird, muss als „Blended Irish Whiskey“ bezeichnet werden.
Getrunken wird Irish Whiskey wie Scotch. Bei der Zubereitung des berühmten Irish Coffee ist er nicht wegzudenken.

Bekannte Marken:
Tullamore Dew, John Jameson, John Locke, Old Bushmill, Paddy Old Irish.

Bourbon Whiskey

Europäische Einwanderer brachten die Kunst des Whiskybrennens in die „Neue Welt". Anfangs wurde Whisky aus Roggen hergestellt. Heute sind es vorwiegend Mais und Roggen, die für die Whiskeyherstellung Verwendung finden.
Der bedeutendste Vertreter der amerikanischen Whiskeys ist der Kentucky Straight Bourbon Whiskey. Bourbon Whiskey besteht zu mindestens 51 % aus Mais, bei Straight Bourbon höchstens 79 %. Der Rest ist vorwiegend Roggen. Bourbon wird nach der „Pot-still"-Methode destilliert und in ausgekohlten, neuen Eichenfässern gelagert.
Im benachbarten Bundesstaat Tennessee wird Bourbon Whiskey häufig als „Tennessee Whiskey" bezeichnet. Der berühmteste ist Jack Daniel's, der zwar nach Bourbon-Methode destilliert, danach aber über Ahornholzkohle filtriert wird. Er erreicht dadurch eine unverkennbare weiche Note.
Bourbon Whiskey kann pur, on the rocks, mit Wasser, Cola, Seven up oder Soda getrunken werden. Er bildet aber auch einen kongenialen Partner für viele Mixgetränke.

Bourbon/Tennessee-Whiskey-Marken:
Jim Beam, Old Forester, Old Grand Dad, Four Roses, Wild Turkey, Madison / Jack Daniel's, George Dickel.

Canadian Whisky

Canadian Whiskies werden aus Roggen, Mais, aber auch Gerste und Weizen hergestellt. Es wird ausschließlich im Patent-still-Verfahren destilliert. Die Geschmacksgeber sind Roggen und Mais.
Sämtliche Canadian Whiskies sind „Blends", wobei man zwischen „Canadian Rye Whiskies" (Roggen) und „Canadian Bourbon Whiskeys" (Mais) unterscheidet.
Die Lagerung und Reifung erfolgt in Eichenfässern. Da Canadian Whisky ein sehr heller und leichter Whisky-Typ ist, wird er gerne für Cocktails verwendet. Er kann aber auch pur, on the rocks, sowie mit Seven up oder Sprite als Longdrink angeboten werden.

Bekannte Marken:
Canadian Club, Seagram's V.O., Schenley O.F.C.

OBSTDESTILLATE

In den letzten Jahren orientiert man sich beim Schnapsbrennen immer mehr hin zu Qualitätsprodukten. Das Motto in der Branche lautet „Die Frucht soll in die Flasche".
Zu den Obstdestillaten zählen alle Spirituosen, die ausschließlich durch alkoholische Gärung und Destillation diverser Früchte gewonnen werden. Das heißt, es muss sich um ein hundertprozentiges Destillat handeln, das mit keinem anderen Alkohol gestreckt werden darf. Abweichend davon darf bei Beerenbränden zum Einmaischen Alkohol verwendet werden, und zwar im Verhältnis 20 Liter reiner Alkohol auf 100 kg Früchte. Die Bezeichnung Brand oder Wasser darf dem Namen der Frucht folgen, z. B. Himbeerbrand, Kirschwasser.
Wird die Mindestmenge von 100 kg Früchten auf 20 Liter Alkohol unterschritten, so können zuckerarme Beerenfrüchte mit Alkohol angesetzt und danach destilliert werden. Hier spricht man nicht von einem Brand, sondern von einem *Geist (z. B. Himbeergeist).* Beträgt der aus der Frucht stammende Alkohol $^1/_3$ des Gesamtalkohols, muss die Spirituose als Schnaps deklariert werden.

Branntweine aus Kernobst

Sie werden aus verschiedenen Apfelsorten, wie Gravensteiner oder Boskop, hergestellt.
Der wohl bekannteste Apfelbrand ist der Calvados. Er kommt aus einem abgegrenzten Gebiet der Normandie in Frankreich. Das Kerngebiet ist das Pays d'Auge.
Apfelbrände sollten bei Zimmertemperatur getrunken werden.

Bekannte Hersteller:
Zieser (A), Pfau (A), Gölles (A), Gassner&Tausner (A), Taschner (A), Kemeter (A), Schosser (A), Rochelt (A), Böckl (A), Freihof (A), Schladerer (D), Freiherr von Seldeneck (D).

Bekannte Calvados-Hersteller/Marken:
Père Magloire, Busnel, Gilbert.

Branntweine aus Birnen

Die am häufigsten verwendete Birnensorte ist die Williams Christbirne. Bei manchen Birnenbränden lässt man die Frucht in die Flasche wachsen und füllt danach mit Birnenbrand der gleichen Sorte auf.

Bekannte Hersteller:
Böckl (A), Freihof (A), Pfau (A), Dettling (CH), Grundbacher (CH), Morand (CH).

Branntweine aus Steinobst

Branntweine aus Marillen (Aprikosen), Kirschen, Zwetschken (Pflaumen), Hartriegel.
In Österreich gilt die Wachau als Zentrum für Produkte aus Marillen/Aprikosen. Aus Ungarn kommt der berühmte Barack Palinka.
Der Echt Schwarzwälder Kirsch darf nur in einem gesetzlich abgegrenzten Gebiet als solcher bezeichnet werden. Das Schweizer Gegenstück dazu ist der Zuger Kirsch, der nur im Kanton Zug hergestellt werden darf.
Als sicherlich bekanntester Vertreter der Zwetschken-Branntweine ist der Slibowitz anzuführen. Aus einer anderen Pflaumenart wird der „Kriecherl" produziert.

Bekannte Hersteller/Marken:
Bailoni (A), Taschner (A), Bauer (A), Hochstrasser (A), Holzapfel (A), Mohr-Sederl (A), Schladerer (D), Specht (D), Grundbacher (CH).

Branntweine aus Beerenobst

Es wurde eingangs bereits auf die Bezeichnungen für Beerenobstbrände hingewiesen. Es wäre noch zu ergänzen, dass bei Himbeergeist auch die Bezeichnung Himbeer-Brandy zulässig ist.

Bekannte Hersteller/Marken:
Distlberger (A), Pfau (A), Rochelt (A), Schosser (A), Specht (D), Schladerer (D), Freiherr von Seldeneck (D).

DESTILLATE AUS SONSTIGEN PFLANZEN UND FRÜCHTEN

Diese werden aus Agaven (Tequila, Mezcal), Zuckerrohr, Reis, Palmen (Arrak, Rum), mit Anisgeschmack (Pastis, Raki, Ouzo) hergestellt.

Rum

Rum wird aus Zuckerrohr, Zuckerrohrmelasse oder aus den Rückständen bei der Zuckerverarbeitung hergestellt.

Zu den Hauptproduzenten zählen Jamaica, Cuba, Haiti, Dominikanische Republik, Martinique, Barbados und Puerto Rico. Aber auch in British Guyana, Brasilien oder Mexico wird Rum gebrannt. Der Bogen spannt sich vom leichten weißen Rum über goldfarbenen, bis hin zum schweren braunen Rum. Rum wird nach dem Pot-still- oder dem Alambic-Verfahren destilliert. Weißer Rum lagert in Stahltanks oder in vorher behandelten Fässern, die keine Farbe abgeben. Der braune Rum erhält seine Farbe aus Eichenfässern und durch Zugabe von Zuckercouleur.
Man unterscheidet zwischen Original Rum (62 bis 81 % Vol.) und Echtem Rum, einem auf Trinkstärke herabgesetzten Rum.
Der in Österreich hergestellte „Inländer Rum" ist eine Spirituosenspezialität aus Monopolsprit und aromatisierten Rumessenzen. Er hat mit Rum aus Zuckerrohr nichts gemeinsam.
Rum wird für eine Reihe von Mixgetränken wie Mai Tai, Planter's Punch oder Cuba Libre als Basis verwendet. Mit Rum verbindet der Europäer Gedanken an Fernweh, an Palmen und weiße Strände.

Bekannte Hersteller/Marken:
Bacardi, Meyers's, Captain Morgan, Coruba, Havanna Club, Appleton, Lemon Hart, Demerara, Cachaca, Pitú, Pott.

Tequila

Tequila kommt aus Mexico. Er darf nur im Bundesstaat Jalisco aus der blauen Maguey-Agave hergestellt werden. Zentrum ist das kleine Städtchen Tequila. Alle anderen Agavenbranntweine werden als Mezcal bezeichnet. Tequila kommt als klare oder leicht braune Variante in den Handel.
Tequila wird in Mexico nach einem beliebten Zeremoniell getrunken. Man streue etwas Salz zwischen Daumen und Zeigefinger und träufle etwas Zitrone darauf (die Zitrone kann auch in den Mund genommen werden). Diese Kombination wird aufgeschleckt und mit Tequila nachgespült.

Bekannte Marken:
Olmeca, Sauza, Dos Reales, El Gran Matador, Montezuma.

Arrak

Der Rum der Asiaten, wie Arrak oft genannt wird, kann aus verschiedenen Grundmaterialien hergestellt werden. Zuckerrohrmelasse, Reis, Datteln, aber auch Feigen und Trauben finden Verwendung. Für Europa hat der Bativia-Arrak aus Java die größte Bedeutung. In Skandinavien wird Arrak zu Schwedenpunsch verarbeitet. In Österreich und Deutschland wird er vorwiegend zur Zubereitung von Grogs und Punschen verwendet.

Bekannte Marken:
Bativia Arrak, Goa Arrak

Anisées

Darunter versteht man alle alkoholischen Getränke mit Anisgeschmack. In Frankreich werden die Anisées als Pastis bezeichnet. Weitere Vertreter sind der Ouzo und der Raki.
Diese Getränke werden meist im Verhältnis 1:5 mit Wasser, Orangensaft oder Cola getrunken.

Bekannte Marken:
Metaxa Ouzo, Ouzo Athenée, Ouzo 12, Raki Bosporus, Pernod, Pernod Pastis 51, Ricard.

LIKÖRE

Liköre sind Spirituosen, die durch Zusätze von Früchten, Kräutern, Gewürzen, Eiern, Milch und Zucker hergestellt werden.
Das Ausgangsprodukt ist Alkohol, der als Edelbrand (Cognac, Whisky) oder als neutraler Alkohol (Monopolsprit) Verwendung findet.
Liköre können entweder durch die *Infusionsmethode,* wobei Kräuter, Früchte oder andere Aromaspender in Grundlikör (Spirituose und Zucker oder Honig) mazeriert und danach destilliert werden, oder mit der *Emulsionsmethode,* die auch im Haushalt Anwendung findet, hergestellt werden. Bei der Emulsionsmethode werden die Zutaten wie Milch, Obers/Sahne, Eier homogenisiert. Danach werden die homogenisierten Zutaten und der Grundlikör zu einer Emulsion verbunden.
Die *Filtrationsmethode* beruht darauf, dass die Alkoholdämpfe die in einem Filter befindlichen Aromaspender (Kräuter, Gewürze) durchlaufen und die Geschmacksstoffe aufnehmen.

Bekannte Marken:
Grand Marnier (F), Cointreau (F), Crème de Cassis (F), Bénédictine (F), Drambuie (UK), Amaretto (I), Fernet Branca (I), Echte Kroatzbeere (D), Jägermeister (D), Underberg (D), Baileys Irish Cream (IRL), Roßbacher (A), Bailoni (A).

SCHAUMWEINE

Als schäumende Weine werden heute Weine bezeichnet, die meist durch eine zweite Gärung entstanden sind und einen Mindestdruck von 3 bar aufweisen.

Champagner

Champagner wird nicht zu Unrecht der König der Weine genannt. Als „Erfinder" des Champagners wird gerne Dom Perignon (1638-1715) bezeichnet. Er war Kellermeister im Kloster von Hautvillers, das heute zum Champagnerhaus Moet & Chandon gehört.
Das Champagnergebiet liegt ca. 150 km nordöstlich von Paris und ist streng abgegrenzt. Nur Schaumweine aus diesem Gebiet dürfen sich Champagner nennen. Den Mittelpunkt bilden die Städte Reims und Epernay. Champagner darf ausschließlich aus den Rebensorten Pinot noir, Pinot meunier und Chardonnay hergestellt werden.
Ein weiteres Qualitätskriterium ist, dass bei der Herstellung nur die „Méthode champenoise" angewendet werden darf, d. h. der Herstellungsprozess erfolgt nur in der Flasche.
Champagner spielt auch in der Bar eine bedeutende Rolle, ist er doch häufig Mittelpunkt diverser Bargetränke. Ein Schuss Champagner verleiht manchem Cocktail erst seine prickelnde Note.

Bekannte Champagner-Hersteller/Marken:
Moet & Chandon/Brut Imperial, Dom Perignon, Pommery, Mumm/Cordon rouge, Veuve Cliquot/La Grande Dame, Pommery, Laurent Perrier/Grand Siècle, De Castellane/Maxim's, Krug, Taittinger/Comtes de Champagne.

Sekt/Qualitätsschaumweine

Sekt ist die Bezeichnung für alle Qualitätsschaumweine aus Österreich, der Bundesrepublik Deutschland und der Schweiz. In Spanien wird Schaumwein, der nach der Champagnermethode hergestellt wird, als „Cava" bezeichnet. Seit etwa 400 Jahren gibt es schäumende Weine. In die Zeit um 1800 fällt die eigentliche Erfindung des Champagners. 1826 gründete Georg Christian Kessler die erste deutsche Sektkellerei.
Sekt kann nach verschiedenen Methoden hergestellt werden.
Méthode champenoise: 2. Gärung, Lagerung und Dosage erfolgt in der Flasche.
Großraumgärverfahren: 2. Gärung, Lagerung und Dosage erfolgt in Drucktanks.

Transvasierverfahren: 2. Gärung erfolgt in der Flasche, danach umfüllen im „Transvasier" in Drucktanks.
Imprägnierverfahren: Dem fertigen Wein wird Kohlensäure und Dosage zugesetzt.

Bekannte Hersteller:
Kattus (A), Schlumberger (A), Kleinoscheg (A), Mounier (A), Stift Klosterneuburg (A), Henkell & Söhnlein (D), Deinhard & C0 (D), Feist Belmont (D), Kupferberg (D), Freixenet (E), Codorniu (E).

Schaumwein aus 1. Gärung

Die bekanntesten Verteter dieser Gattung sind der Asti spumante und der Spumante secco.
Dieser Naturschaumwein entsteht durch Vergärung des Mostes in druckfest verschlossenen Behältern. Es erfolgt nur eine einzige Gärung ohne Zusatz von Zucker.

Perlwein/Frizzante

Perlwein hat mindestens 1 bis höchstens 2.5 bar Druck. Er darf nicht wie Sekt adjustiert werden.

Bekannte Marken:
Markof's, Hochriegl.

SÄFTE – LIMONADEN

Sie sollten in keiner Hausbar fehlen. Vor allem für die Zubereitung von Cocktails und Longdrinks sind sie heute unerlässlich. Man kann sie teilweise selbst herstellen oder kauft fertige Produkte.
Neben Klassikern wie Orangen- und Zitronensaft sind es vor allem Ananas-, Maracuja-, Mango- oder Grapefruitsaft, welche die Getränkeszene bereichern. Dazu kommen Cola, Bitter Lemon, Bitter Orange, Tonic Water, Ginger Ale und natürlich Sodawasser. Sie finden heute in jedem gut sortierten Supermarkt ein gefächertes Angebot dieser Säfte und Limonaden. Ihrer Kreativität werden keine Grenzen gesetzt.

Sirupe

Sirupe haben beim Mixen verschiedene Funktionen. Sie zaubern diverse Farbenkombinationen in das Getränk, sie geben exotische Geschmacksrichtungen und last but not least, süßen Sie das Getränk. Grenadine, ein Granatapfelsirup, und der Zuckersirup wurden in letzter Zeit durch eine Palette von Sirupen aus meist exotischen Früchten erweitert. Die bekanntesten sind Mango-, Coconut-, Maracuja- und Bananensirup. In die gleiche Kategorie gehört auch die Cream of Coconut. Dieses Produkt kommt in Dosen abgefüllt in den Handel und sollte vor dem Gebrauch im Wasserbad verflüssigt werden.

Früchte

Früchte sind der Grundbestandteil der meisten Garnituren. Das Angebot ist heute so groß wie nie zuvor.
Die beliebtesten Früchte sind: Orangen, Kiwis, Ananas, Weintrauben, Bananen, Zitronen, Limetten, Mangos, Lychees, Cocktailkirschen, Oliven und Karambole (Sternfrucht).
Durch die Marktöffnung stellt auch der Einkauf ausgefallener Produkte sicherlich kein Problem dar.

DIE HAUSBAR

Die Ausstattung einer Hausbar obliegt natürlich vorrangig den Ansprüchen des Besitzers. Es gibt jedoch ein Grundsortiment von Getränken, Gläsern und Bargeräten, das es einem ermöglicht, eine Anzahl von Getränken zu mixen.

Die wichtigsten Spirituosen

Angosturabitter
Apricot Brandy
Bourbon Whiskey
Campari
Cherry Brandy
Cognac
Cointreau oder Triple sec
Crème de Menthe
Curacao blue/red
Dunkler Rum
Gin
Grand Marnier
Scotch Whisky
Sekt
Vermouth rosso, bianco, dry
Weinbrand
Weißer Rum
Wodka

Fruchtsäfte/Sirupe

Bitter Lemon
Coconut-Sirup oder Coconut-Cream
Ginger Ale
Grapefruitsaft
Grenadinesirup (eventuell Himbeersirup)
Maracuja- und Mango-Sirup
Orangensaft
Sodawasser
Tonic Water
Zitronensaft

Sonstiges

Cocktailkirschen
Cocktailspieße (Sticks), klein und groß
Eier
Frische Früchte für Garnituren
Milch
Obers/Sahne
Oliven
Rührer (Stirer)
Salz
Tabasco
Trinkhalme verschiedener Größen und Farben
Worcestershiresauce
Würfel-, Kristallzucker
Zuckersirup

Kleine Gläserkunde

Ein optisch schönes Glas hebt den Standard des Getränkes. Denken Sie immer an die Devise „Das Auge trinkt mit". Für Ihre Bar sollten Sie verschiedene Gläserarten einkaufen:
Cocktailschale
Cocktailkelch
Fantasiegläser
Großes Longdrinkglas
Kleines Longdrinkglas/Old-Fashioned-Glas
Sekttulpe/Sektkelch

Bargeräte

Barlöffel
Barmesser
Eisschaufel
Eiszange
Kleines Schneidebrett
Korkenzieher
Messbecher
Rührglas
Saftpresse
Sektverschluss
Shaker (2- oder 3-teilig)
Strainer (Barsieb)

PRAKTISCHE TIPPS

DEKORATIONSVORSCHLÄGE

Dekorieren Sie Ihre Getränke möglichst attraktiv. Das Auge isst nicht nur mit, es trinkt auch mit. Jedoch nicht jedes Getränk verlangt nach einer Garnitur. Vorwiegend exotische Mixgetränke werden erst durch eine kreative Garnitur so richtig attraktiv.
Waren es früher Orangen, Zitronen und Cocktailkirschen, so sind heute exotische Früchte sehr gefragt. Verwenden Sie grundsätzlich frische Früchte. Bei der Zusammenstellung können Sie Ihrer Fantasie freien Lauf lassen, doch sollte die Garnitur mit dem Getränk harmonieren. Heute werden auch Blumen zur Verschönerung eines Getränkes verwendet. Wenn Sie einen Spieß mit verschiedenen Früchten zusammenstellen, sollten Sie darauf achten, dass die Früchte auch farblich harmonieren. Orangen-, Zitronen- und Ananasscheiben oder Ananasviertel (Keile) werden meist am Glas aufgesetzt. Dazu werden sie bis etwa zur Hälfte eingeschnitten und so am Glasrand dekoriert.

Karambole: in Scheiben schneiden. Entweder zum Aufstecken am Glasrand auf einer Seite einschneiden oder für den Fruchtspieß.

Bananen: in Scheiben schneiden. Entweder für den Fruchtspieß oder zum Aufstecken am Glasrand verwenden.

Orange: als Scheibe oder als Keil zum Aufstecken am Glasrand verwenden.

Zitrone: wie Orange. Zusätzlich als Spirale.

Ananas: als Keil oder mit den Blättern zum Aufstecken am Glasrand oder für den Fruchtspieß.

Kiwi: geschält in etwas dickere Scheiben geschnitten für den Fruchtspieß

Erdbeeren: zum Aufstecken am Glasrand oder für den Fruchtspieß.

Cocktailkirschen: teilweise als eigene Garnitur auf einem Cocktailspieß (Stick), direkt ins Glas oder für den Fruchtspieß.

Limetten: für Caipirinha. Kann wie Zitrone verwendet werden.

Oliven: auf einem Cocktailspieß.

Weintrauben: für den Fruchtspieß.

Ananasblätter: Sie wirken auf einem Fruchtspieß mit Ananas, Erdbeeren oder Cocktailkirschen sehr attraktiv.

Minzblätter: werden bei vielen exotischen Drinks verwendet.

Sie können auch mit anderen Früchten wie *Lychees* oder *Kumquats* kreative Garnituren herstellen.

Weiters: Muskat, Kakaopulver, Vanille, Kaffeepulver zum Bestreuen oder Verzieren diverser Getränke mit Milch oder Obers/Sahne.

Sehr dekorativ sind auch *Flaggen, Äffchen, Giraffen, Schirmchen* aus Papier, Palmwedel, die man auch als Spießchen für Garnituren verwenden kann.

KLEINE PRAKTISCHE KNIFFE

Zubereitung von Zuckersirup

Zuckersirup ist ein wesentlicher Bestandteil vieler Mixgetränke. Im Gegensatz zu Kristallzucker löst sich Zuckersirup leicht auf. Die Herstellung ist relativ einfach. Geben Sie 1 l Wasser in einen Topf und lassen Sie das Wasser aufkochen. Geben Sie nun 1 kg Kristallzucker dazu und rühren Sie einige Male um. Sobald der Zucker sich aufgelöst hat, lassen Sie die Zuckerlösung abkühlen – fertig! Füllen Sie den Zuckersirup mit Hilfe eines Trichters in eine Flasche. Mit dieser Menge kommen Sie sicherlich einige Zeit aus. Sollten Sie sich die Arbeit ersparen wollen, so können Sie auch fertige Produkte im Handel erwerben.

Herstellen von gestoßenem Eis (Crushed Ice)

Geben Sie Eiswürfel in ein sauberes Tuch und schlagen Sie dieses zusammen. Danach legen Sie das Ganze auf eine feste Unterlage und zerschlagen Sie die Eiswürfel mit einem Küchenklopfer oder einem Holzhammer. Mit einem Löffel oder einer Eisschaufel können Sie die zerkleinerten Eiswürfel nun direkt ins Glas geben. Sie können es auch in einer Ice-Box für eine spätere Verwendung in den Kühlschrank stellen.

Herstellen eines Zuckerrandes

Sie können Zuckerränder mit weißem Kristallzucker oder gefärbtem Zucker herstellen.

1. Geben Sie den Zucker in eine kleine Schüssel.
2. Halbieren Sie eine Zitrone. Machen Sie auf einer Seite in der gewünschten Höhe des Zuckerrandes einen Einschnitt.
3. Ziehen Sie den Glasrand durch diese Schnittstelle.
4. Drehen Sie das Glas im Zucker. Leicht abklopfen, damit der nicht haftende Zucker herunterfällt.

Sollten Sie keinen gefärbten Zucker zur Hand haben:

1. Geben Sie eine kleine Menge Likör oder Sirup der gewünschten Farbe (rot, blau, grün) in eine kleine Schüssel.
2. Drehen Sie den Rand des Glases zuerst durch den Likör, dann durch den Zucker.

ZUBEREITUNGSVARIANTEN

Zubereitung im Shaker

Mixgetränke, die aus schwer vermengbaren Zutaten wie Likören, Sirupen, Milch oder Obers/Sahne bestehen, sollten im Shaker zubereitet werden.

1. Eiswürfel in den Shaker.
2. Zutaten einmessen.
3. 20–30 Sekunden gut schütteln.
4. In das vorgekühlte Glas abseihen.
5. Dekoration anbringen.

Zubereitung im Mixglas

Mixgetränke, die leicht vermengbare Zutaten beinhalten, können im Mixglas zubereitet werden.

1. Eiswürfel in das Mixglas.
2. Zutaten einmessen.
3. Mit dem Barlöffel gut durchrühren (von unten nach oben).
4. Mit dem Barsieb in ein gekühltes Glas abseihen.
5. Dekoration anbringen.

LITTLE MERMAID

REZEPTUR: 2 cl Gin, 2 cl Curacao blue, 2 cl Wermut bianco, Bitter Orange.

SONSTIGES: Barlöffel, Messbecher, Eiswürfel, Longdrinkglas, Zitronenspirale, Orangenscheibe, Trinkhalm.

ZUBEREITUNG: Eiswürfel in das Glas geben und die Zutaten der Reihe nach einmessen. Mit dem Bitter Orange auffüllen, die Zitronenspirale am Glasrand einhängen und die Orangenscheibe daneben aufsetzen.

WHITE LADY

REZEPTUR: 2 cl Gin, 2 cl Cointreau, 2 cl Zitronensaft, eventuell Zuckerrand.

SONSTIGES: Shaker, Barlöffel, Messbecher, Eiswürfel, Cocktailglas (eventuell mit Zuckerrand).

ZUBEREITUNG: Eiswürfel in den Shaker geben. Die Zutaten mit dem Messbecher einmessen und gut schütteln. Das fertige Getränk in das Cocktailglas abseihen.

PINK FLAMINGO

REZEPTUR: 3 cl Gin, 3 cl Cherry Brandy, 4 cl Orangensaft, 4 cl Ananassaft, 2 cl Coconut Cream.

SONSTIGES: Elektromixer, Strainer, Barlöffel, Messbecher, zerstoßenes Eis, Longdrinkglas, 1 Orangenscheibe, 1 Kiwischeibe, 1 Cocktailspieß, 1 Trinkhalm.

ZUBEREITUNG: Das Longdrinkglas zur Hälfte mit zerstoßenem Eis anfüllen. Die Zutaten mit dem Messbecher in den Aufsatz des Mixers einmessen und gut durchmischen. In das Glas abseihen. Die Orangen- und Kiwischeibe auf den Glasrand stecken, die Cocktailkirsche daranspießen und den Trinkhalm dazugeben.

Zubereitung im Aufsatzmixer oder mit einem Haushaltsstabmixer

Mit dem Aufsatzmixer können Sie nicht nur Zutaten vermischen, sondern auch Früchte zerkleinern.

1. Geben Sie die Früchte in den Mixer und zerkleinern Sie diese. Schalten Sie das Gerät ab.
2. Geben Sie die Eiswürfel und die restlichen Zutaten dazu und mischen Sie das Ganze bei „high speed“.
3. Seihen Sie das Getränk in das passende Glas ab.

Zubereitung im Gästeglas

Viele Mixgetränke können direkt im Glas zubereitet werden. Man nennt das in der Fachsprache „built up in the glass“.

1. Zutaten in das Glas geben.
2. Eiswürfel dazugeben.
3. Die Garnitur anbringen.

Achten Sie immer darauf, dass Sie alle Zutaten vorbereitet haben und bereiten Sie die Getränke möglichst vor den Augen Ihrer Gäste zu!

EINTEILUNG DER MIXGETRÄNKE

Es gibt ca. 30 Gruppen von Mixgetränken. Die wichtigsten werden Ihnen hier vorgestellt.

Cocktails

Cocktails sind alkoholische Getränke aus Spirituosen, Likören, Fruchtsäften, Obers/Sahne und Aromaten. Je nach Zusammensetzung unterscheidet man trockene, halbtrockene und süße Cocktails. Immer beliebter werden aber auch Cocktails ohne Alkohol. Sie werden im Shaker oder im Rührglas zubereitet. Das Angebot an Cocktailgläsern reicht von den Klassikern bis hin zu fantasievollen Kreationen.
Eine beliebte Untergruppe der Cocktails sind die Sekt- oder Champagnercocktails. Die Royals zählen zu den wohl beliebtesten Vertretern dieser Gruppe. Sie werden nach dem namensgebenden Likör benannt, mit trockenem Sekt oder Champagner aufgegossen und in der Sekttulpe oder im Sektkelch serviert.

Bekannte Kompositionen:

Kir Royal	Johannisbeerlikör
Pêche Royal	Pfirsichlikör
Framboise Royal	Himbeerlikör

Der *Bellini* wurde erstmals in Harry's Bar in Venedig kreiert. Er besteht aus Pfirsichmark, das mit Sekt aufgefüllt wird. Der *Testarossa,* Himbeermark mit Sekt aufgefüllt, ergänzt diese Getränkegruppe.
Als Klassiker sollte der Champagnercocktail, Sekt und Angosturabitter in einer Sektschale serviert, nicht vergessen werden.

Fizzes

Die Fizzes sind Longdrinks und bestehen meist aus einer Grundspirituose, Fruchtsaft und Zuckersirup. Sie werden im Shaker gemixt und meist mit Sodawasser aufgefüllt. Als Glas verwendet man einen mittelgroßen Tumbler.

Sours

Sours sind den Fizzes sehr ähnlich. Sie bestehen aus einer Grundspirituose (Whisky, Gin, Wodka), Zitronensaft, Zuckersirup und einem Schuss Sodawasser. Als Garnitur verwendet man eine Orangen-, eine Zitronenspalte und Cocktailkirschen. Sours werden im Shaker zubereitet und in einem niedrigen Tumbler angeboten.

Egg-nogs, Flips

Die Egg-nogs können Sie je nach Jahreszeit und Anlass warm oder kalt zubereiten. Sie werden mit diversen Spirituosen, Milch, Eiern und Zuckersirup zubereitet und sind daher sehr nahrhaft. Egg-nogs können Sie auch mit oder ohne Alkohol zum Frühstück oder Brunch anbieten. Man bereitet Sie im Shaker zu und füllt mit Milch auf. Eine Prise Muskat oder Kaffeepulver verfeinert das Getränk. Als Glas verwenden Sie einen hohen Tumbler.
Die Flips sind den Egg-nogs ähnlich und werden ebenfalls im Shaker zubereitet. Schütteln Sie nur ganz kurz, aber dafür kräftig, damit der Flip nicht verwässert wird und seihen Sie das fertige Getränk in eine Sektflöte ab.

Alkoholfreie Mixgetränke

Non-alcoholic Drinks entsprechen heute prinzipiell dem Zeitgeist. Es sind meist Mischungen aus Sirupen, Früchten Limonaden, Speiseeis, Milch, Obers/Sahne oder pürierten Früchten. Sie werden vorzugsweise im Elektromixer oder im Shaker hergestellt und mit Früchten garniert. Als Glas verwendet man einen hohen Tumbler.

Mixgetränke aus Wein

Der bekannteste Vertreter dieser Gruppe ist sicherlich der Kir. Der stellvertretende Bürgermeister von Dijon (Burgund), Monsieur Kir gab erstmals einen Schuss Crème de Cassis (Johannisbeerlikör) in seinen Weißwein. Er erfand damit einen der berühmtesten Aperitifs der Welt.

Weitere Varianten:
Kir Fraise (Erdbeeren)
Kir Framboise (Himbeeren)

Mixgetränke mit Bier

Folgende Mischungen sind zu empfehlen:

Bier mit Sirupen

Der Sirupanteil sollte ein Zehntel der Biermenge betragen. Sirup in das Bierglas geben und mit Bier auffüllen, eventuell umrühren.

Bier mit Limonaden

Bier und Limonade sollten gleichzeitig in das Glas gegossen werden.

Bowlen

Verwenden Sie nur hochwertige Zutaten. Das Ergebnis wird Ihnen Recht geben. Die Weine zum Ansetzen sollten gekühlt sein. Die Früchte müssen gesund und reif sein. Das Bowlengefäß immer zudecken. Zum Auffüllen können Sie Champagner, Sekt oder Mineral- bzw. Sodawasser verwenden. Nach dem Auffüllen nicht mehr stark umrühren. Stellen Sie das Bowlengefäß in den Kühlschrank, Eiswürfel verwässern die Bowle.

Heißgetränke mit Alkohol

Diese Getränke sind vor allem in der kalten Jahreszeit sehr beliebt. Manche „Hot Drinks" kann man aber das ganze Jahr über anbieten.

Heiße Milchmischgetränke

Zutaten in das Glas geben und mit heißer Milch auffüllen.

Heiße Schokoladegetränke

Schokolade und Brände (meist Weinbrand) oder Liköre erhitzen und in einem feuerfesten Glas oder Becher mit Schlagobershaube anrichten.

Heiße Kaffeegetränke

In ein feuerfestes Glas oder Becher die Spirituose, den Zucker sowie den heißen Kaffee geben und eventuell mit Schlagobers garnieren.

Rüdesheimer Kaffee	Weinbrand
Irish Coffee	Irish Whiskey
Spanish Coffee	Tia Maria Likör

Heiße Punsche

Alle Zutaten, wie Säfte, Spirituosen, mit dem Wasser erhitzen und in ein feuerfestes Glas geben.

Brandy Punsch	Weinbrand/Schwarzer Tee
Tee Punsch	Rum/Schwarzer Tee

Grogs

Die Spirituose mit dem Zucker und dem Zitronensaft in ein feuerfestes Glas geben und mit heißem Wasser auffüllen.

Glühwein

Der Glühwein ist wahrscheinlich das älteste Heißgetränk. Weiß- oder Rotwein wird mit Gewürzen und Zucker aufgekocht und im feuerfesten Geschirr oder Gläsern angeboten.

Exotische Getränke

In dieser Gruppe sind Getränke mit exotischen Mixturen zusammengefasst. Sie werden vorwiegend mit Tequila, Rum, Chachaca, exotischen Fruchtsäften und Sirupen hergestellt. Diese Getränke zeichnen sich meist durch ihre Farbenpracht aus, die auch in den Garnituren weitergeführt wird.

Pina Colada

Der Pina Colada wird aus Rum, Fruchtsaft und Coconut Cream im elektrischen Mixer mit etwas gestoßenem Eis gemischt. Pina Colada serviert man im hohen Tumbler oder in einem bauchigen Glas.

Caipirinha

Der Caipirinha kommt aus Brasilien und ist heute ein Modegetränk. Er besteht aus dem Zuckerrohrbranntwein Pitú, den man in einem Whiskyglas auf zerdrückte, mit braunem Zucker gesüßte Limettenspalten gießt.

Caipirovka	Wodka
Caipirissima	Rum

Punches

Die Punches sind beliebte Getränke aus der Karibik. Sie bestehen aus Rum, Fruchtsäften und Sirupen.
Man schüttelt sie im Shaker und gießt sie in ein hohes Glas auf Crushed Ice (gestoßenes Eis). Der Grendadinesirup wird am Schluss dazugegeben. Die Rezepturen variieren von Insel zu Insel. Großer Beliebtheit erfreuen sich der Planter's Punch sowie der Jamaica Planter's Punch.

Frozen Fruit Getränke

Sie werden im elektrischen Mixer mit Crushed Ice gemixt. Als Grundspirituosen werden vor allem Rum und Tequila verwendet. Das fertige Getränk wird in eine Sektschale abgeseiht.

Frozen Daiquiri	Rum
Frozen Margarita	Tequila

BARMASSE

Cocktails:	6–9 cl
Whisky:	4 cl
Spirituosen:	2 cl
Südweine:	5 cl
1 Barlöffel:	0,25 cl
1 Spritzer:	$^1/_3$ Barlöffel

REZEPTE – UNTERTEILT NACH BASISGETRÄNKEN

GIN-BASIS

AIRBUS

REZEPTUR: 2 cl Gin, 2 cl Cointreau, 2 cl Zitronensaft, Sekt.

SONSTIGES: Shaker, Messbecher, Sektkelch, Eiswürfel.

ZUBEREITUNG: Eiswürfel in den Shaker geben. Die Zutaten mit dem Messbecher einmessen und kräftig schütteln. In den Sektkelch abseihen und mit Sekt auffüllen.

ALABAMA FIZZ

REZEPTUR: 4 cl Gin, 2 cl Zitronensaft, 2 Spritzer Crème de Menthe grün, 3 Barlöffel Zuckersirup, Sodawasser.

SONSTIGES: Shaker, Barlöffel, Messglas, Longdrinkglas, Eiswürfel, Trinkhalm.

ZUBEREITUNG: Eiswürfel in den Shaker geben. Die Zutaten außer dem Sodawasser einmessen und kräftig schütteln. In das Longdrinkglas abseihen und mit Sodawasser auffüllen. Den Trinkhalm dazugeben.

ALASKA

REZEPTUR: 4 cl Gin, 2 cl Chartreuse gelb.

SONSTIGES: Shaker, Barlöffel, Messglas, Cocktailglas, Eiswürfel, Zitronenscheibe.

ZUBEREITUNG: Eiswürfel in den Shaker geben und die Zutaten einmessen. Kräftig schütteln, in das Cocktailglas abseihen und die Zitronenscheibe am Glasrand dekorieren.

ALEXANDRA COCKTAIL

REZEPTUR: 2 cl Gin, 2 cl Crème de Cacao, 2 cl Obers/Sahne.

SONSTIGES: Shaker, Barlöffel, Messglas, Cocktailglas, Eiswürfel.

ZUBEREITUNG: Eiswürfel in den Shaker geben und die Zutaten einmessen. Kurz, aber kräftig schütteln und in das Cocktailglas abseihen.

ALEXANDER'S SISTER

REZEPTUR: 2 cl Gin, 2 cl Crème de Menthe weiß, 2 cl Obers/Sahne.

SONSTIGES: Shaker, Messbecher, Cocktailschale, Eiswürfel.

ZUBEREITUNG: Eiswürfel in den Shaker geben. Die Zutaten mit dem Messbecher einmessen und kurz, aber kräftig schütteln. In die Cocktailschale abseihen.

ALEXANDER'S SPEZIAL COCKTAIL

REZEPTUR: 4 cl Gin, 2 cl Maraschino, 1 Spritzer Zitronensaft.

SONSTIGES: Rührglas, Barsieb, Barlöffel, Messglas, Cocktailglas, Cocktailkirsche auf Stick.

ZUBEREITUNG: Eiswürfel in das Rührglas geben und die Zutaten einmessen. Mit dem Barlöffel kräftig verrühren und mit dem Barsieb in das Cocktailglas abseihen. Die Cocktailkirsche dazugeben.

ANABELLA

REZEPTUR: 4 cl Gin, 1 cl Wermut rot, 1 cl Orangensaft, 2 Spritzer Curacao weiß.

SONSTIGES: Rührglas, Barsieb, Barlöffel, Messglas, Cocktailglas, Eiswürfel, Orangenscheibe.

ZUBEREITUNG: Eiswürfel in das Rührglas geben und die Zutaten einmessen. Mit dem Barlöffel gut verrühren und mit dem Barsieb in das Cocktailglas abseihen. Die Orangenscheibe am Glasrand dekorieren.

ANITA

REZEPTUR: 2 cl Gin, 2 cl Curacao weiß, 2 cl Wermut trocken, 1 Spritzer Grenadinesirup.

SONSTIGES: Shaker, Barlöffel, Messglas, Cocktailglas, Eiswürfel, Zitronenscheibe.

ZUBEREITUNG: Eiswürfel in den Shaker geben und die Zutaten einmessen. Kräftig schütteln, in das Cocktailglas abseihen und die Zitronenscheibe am Glasrand dekorieren.

ARGENTINA

REZEPTUR: 2 cl Gin, 2 cl Wermut rosso, 1 cl Curacao Orange, 1 cl Orangensaft.

SONSTIGES: Shaker, Barlöffel, Messbecher, Eiswürfel, Cocktailglas.

ZUBEREITUNG: Eiswürfel in den Shaker geben. Die Zutaten mit dem Messbecher einmessen und gut schütteln. In das Cocktailglas abseihen.

AROUND THE WORLD

REZEPTUR: 2 cl Gin, 1 cl Crème de Menthe grün, 3 cl Ananassaft.

SONSTIGES: Shaker, Barlöffel, Messbecher, Eiswürfel, Cocktailglas.

ZUBEREITUNG: Eiswürfel in den Shaker geben. Die Zutaten mit dem Messbecher einmessen und gut schütteln. In das Cocktailglas abseihen.

BEA

REZEPTUR: 2 cl Gin, 1 cl Wermut rosso, 1 cl Apricot Brandy.

SONSTIGES: Shaker, Barlöffel, Messbecher, Cocktailschale, Eiswürfel, Cocktailkirsche mit Stiel.

ZUBEREITUNG: Eiswürfel in den Shaker geben. Die Zutaten mit dem Messbecher einmessen und gut schütteln. In die Cocktailschale abseihen und mit der Cocktailkirsche garnieren.

BERMUDA ROSE COCKTAIL

REZEPTUR: 2 cl Gin, 1 cl Apricot Brandy, 2 cl Grenadinesirup, 1 cl Zitronensaft.

SONSTIGES: Shaker, Barlöffel, Messglas, Cocktailglas, Eiswürfel, Karambole, Erdbeere.

ZUBEREITUNG: Eiswürfel in den Shaker geben und die Zutaten einmessen. Kräftig schütteln und in das Cocktailglas abseihen. Karambole und Erdbeere am Glasrand aufsetzen.

BIJOU

REZEPTUR: 3 cl Gin, 2 cl Wermut bianco, 1 cl Chartreuse grün.

SONSTIGES: Rührglas, Barsieb, Barlöffel, Messbecher, Cocktailglas, Eiswürfel.

ZUBEREITUNG: Eiswürfel in das Rührglas geben. Die Zutaten mit dem Messbecher einmessen und gut verrühren. In das Cocktailglas abseihen.

BLACK HERO

REZEPTUR: 2 cl Gin, 2 cl Crème de Cassis, 2 cl Wermut rot, 2 Spritzer Zitronensaft.

SONSTIGES: Shaker, Barlöffel, Messglas, Cocktailglas, Eiswürfel, Orangenscheibe.

ZUBEREITUNG: Eiswürfel in den Shaker geben und die Zutaten einmessen. Kräftig schütteln, in das Cocktailglas abseihen und die Orangenscheibe am Glasrand dekorieren.

BLUE LADY

REZEPTUR: 4 cl Gin, 2 cl Curacao blue, 2 cl Zitronensaft, 1 Eiweiß.

SONSTIGES: Shaker, Barlöffel, Messbecher, Cocktailschale, Eiswürfel.

ZUBEREITUNG: Eiswürfel in den Shaker geben. Das Ei abklären, die Zutaten mit dem Messbecher einmessen und kräftig schütteln. In das Cocktailglas abseihen.

BLUE LAGOON

REZEPTUR: 4 cl Gin, 2 cl Curacao blue, 1 cl Zitronensaft.

SONSTIGES: Shaker, Barlöffel, Messbecher, Eiswürfel, Cocktailschale, Zitronenspirale.

ZUBEREITUNG: Eiswürfel in den Shaker geben. Die Zutaten mit dem Messbecher einmessen und gut schütteln. In die Cocktailschale abseihen und mit der Zitronenspirale garnieren.

BLUE MOON

REZEPTUR: 2 cl Gin, 2 cl Curacao blue, 1 cl Cointreau, 1 cl Ananassaft, Bitter Lemon.

SONSTIGES: Shaker, Barlöffel, Messbecher, Longdrinkglas, Eiswürfel, Cocktailkirsche auf eine Ananasscheibe gesteckt, Trinkhalm.

ZUBEREITUNG: Eiswürfel in den Shaker geben. Alle Zutaten außer Bitter Lemon einmessen und kräftig schütteln. Einige Eiswürfel in das Longdrinkglas geben und den Drink abseihen. Mit Bitter Lemon auffüllen, mit Cocktailkirsche und Ananasscheibe dekorieren und den Trinkhalm dazugeben.

BRONX

REZEPTUR: 2 cl Gin, 2 cl Wermut rosso, 2 cl Orangensaft.

SONSTIGES: Shaker, Barlöffel, Messbecher, Eiswürfel, Cocktailglas.

ZUBEREITUNG: Eiswürfel in den Shaker geben. Die Zutaten mit dem Messbecher einmessen und gut schütteln. In das Cocktailglas abseihen.

BRUNO'S HIGHLIGHT

REZEPTUR: 2 cl Gin, 1 cl Apricot Brandy, 1 cl Campari, 1 cl Orangensaft, 1 cl Zitronensaft.

SONSTIGES: Shaker, Barlöffel, Messglas, Cocktailglas, Eiswürfel, Orangenscheibe, Cocktailkirsche auf Stick.

ZUBEREITUNG: Eiswürfel in den Shaker geben und die Zutaten einmessen. Kräftig schütteln und in das Cocktailglas abseihen. Die Orangenscheibe am Glasrand aufsetzen und die Cocktailkirsche dazustecken.

CALL ME

REZEPTUR: 2 cl Gin, 2 cl Likör Anisette, 2 cl Wermut dry.

SONSTIGES: Shaker, Barlöffel, Messbecher, Eiswürfel, Cocktailglas.
ZUBEREITUNG: Eiswürfel in den Shaker geben. Die Zutaten mit dem Messbecher einmessen und gut schütteln. In das Cocktailglas abseihen.

CARIBIC

REZEPTUR: 2 cl Gin, 2 cl Curacao blue, 2 cl Wermut dry, 2 cl Crème de Bananes, 8 cl Ananassaft.

SONSTIGES: Shaker, Barlöffel, Messbecher, Longdrinkglas, Eiswürfel, Limettenspalte mit Cocktailkirsche, Trinkhalm.

ZUBEREITUNG: Curacao mit einigen Eiswürfeln in das Longdrinkglas geben. Die restlichen Zutaten in den Shaker einmessen, gut vermischen und abseihen. Die Dekoration am Glasrand aufsetzen und den Trinkhalm dazugeben.

CHARLIE CHAPLIN

REZEPTUR: 2 cl Gin, 2 cl Apricot Brandy, 2 cl Zitronensaft.

SONSTIGES: Shaker, Barlöffel, Messbecher, Cocktailschale, Eiswürfel, Cocktailkirsche.

ZUBEREITUNG: Eiswürfel in den Shaker geben. Die Zutaten mit dem Messbecher einmessen und gut schütteln. In die Cocktailschale abseihen und mit der Cocktailkirsche garnieren.

CHRISTINA

REZEPTUR: 2 cl Gin, 2 cl Cherry Brandy, 4 cl Orangensaft.

SONSTIGES: Shaker, Barlöffel, Messbecher, Sektschale, Eiswürfel, Orangenscheibe.

ZUBEREITUNG: Eiswürfel in den Shaker geben. Die Zutaten mit

dem Messbecher einmessen und kräftig schütteln. In die Sektschale abseihen und die Orangenscheibe am Glasrand aufsetzen.

COPENHAGEN

REZEPTUR: 4 cl Gin, 1 cl Cherry Brandy, 1 cl Orangensaft.

SONSTIGES: Shaker, Barlöffel, Messbecher, Cocktailglas, Eiswürfel, Orangenscheibe.

ZUBEREITUNG: Eiswürfel in den Shaker geben. Die Zutaten mit dem Messbecher einmessen und gut schütteln. Die Orangenscheibe am Glasrand aufsetzen.

EAST INDIA

REZEPTUR: 3 cl Gin, 1 cl Curacao Triple sec, 1 cl Ananassaft, 1 Spritzer Angosturabitter.

SONSTIGES: Shaker, Barlöffel, Messbecher, Eiswürfel, Cocktailglas, Cocktailkirsche, Cocktailstick.

ZUBEREITUNG: Eiswürfel in den Shaker geben. Die Zutaten mit dem Messbecher einmessen und gut schütteln. In das Cocktailglas abseihen und mit der Cocktailkirsche garnieren.

EMPIRE STATE

REZEPTUR: 3 cl Gin, 1.5 cl Weinbrand, 1.5 cl Apricot Brandy.

SONSTIGES: Shaker, Barlöffel, Messbecher, Eiswürfel, Cocktailglas, Cocktailkirsche, Cocktailstick.

ZUBEREITUNG: Eiswürfel in den Shaker geben. Die Zutaten mit dem Messbecher einmessen und gut schütteln. In das Cocktailglas abseihen und mit der Cocktailkirsche garnieren.

FLAMINGO

REZEPTUR: 3 cl Gin, 1.5 cl Apricot Brandy, 1.5 cl Zitronensaft, 1 Barlöffel Grenadinesirup.

SONSTIGES: Shaker, Barlöffel, Messbecher, Eiswürfel, Cocktailglas.

ZUBEREITUNG: Eiswürfel in den Shaker geben. Die Zutaten mit dem Messbecher bzw. dem Barlöffel einmessen und gut schütteln. In das Cocktailglas abseihen.

FLORIAN

REZEPTUR: 3 cl Gin, 1.5 cl Wermut rosso, 1.5 cl Wermut dry, 2 Spritzer Zitronensaft.

SONSTIGES: Rührglas, Strainer, Barlöffel, Messbecher, Eiswürfel, Cocktailglas, Zitronenzeste.

ZUBEREITUNG: Eiswürfel in das Rührglas geben. Die Zutaten mit dem Messbecher einmessen und mit dem Barlöffel gut verrühren. In das Cocktailglas abseihen und die Zitronenzeste in das fertige Getränk geben.

FLYING PICKET'S

REZEPTUR: 4 cl Gin, 1 cl Zitronensaft, 2 Spritzer Grenadinesirup.

SONSTIGES: Shaker, Barlöffel, Messbecher, Cocktailglas, Eiswürfel, Zitronenscheibe.

ZUBEREITUNG: Eiswürfel in den Shaker geben. Die Zutaten mit dem Messbecher einmessen und kräftig schütteln. In das Cocktailglas abseihen und die Zitronenscheibe am Glasrand aufsetzen.

FOG CUTTER

REZEPTUR: 2 cl Gin, 2 cl Weinbrand, 2 cl Sherry trocken, 2 cl Rum dunkel, 4 cl Orangensaft, 2 cl Zuckersirup.

SONSTIGES: Shaker, Barlöffel, Messbecher, Eiswürfel, Longdrinkglas, Minzzweig, Trinkhalm.

ZUBEREITUNG: Eiswürfel in den Shaker geben. Alle Zutaten außer dem Sherry mit dem Messbecher einmessen, kurz und kräftig schütteln. In das Longdrinkglas abseihen und den Sherry vorsichtig darüber gießen. Mit dem Minzzweig dekorieren, Trinkhalm in das Glas geben.

FRENCH CONNECTION

REZEPTUR: 3 cl Gin, 1 cl Zitronensaft, 1 Barlöffel Zuckersirup, Champagner.

SONSTIGES: Shaker, Barlöffel, Messbecher, Sektschale, Eiswürfel, Zitronenscheibe.

ZUBEREITUNG: Eiswürfel in den Shaker geben. Gin, Zitronensaft und den Zuckersirup einmessen und kräftig schütteln. In die Sektschale abseihen, mit Champagner auffüllen und die Zitronenscheibe am Glasrand aufsetzen.

FRENCH MAN

REZEPTUR: 3 cl Gin, 2 cl Pernod, 1 cl Grenadinesirup.

SONSTIGES: Shaker, Barlöffel, Messbecher, Old-Fashioned-Glas, Eiswürfel, Cocktailkirsche, Cocktailstick.

ZUBEREITUNG: Eiswürfel in den Shaker geben. Die Zutaten mit dem Messbecher einmessen und kräftig schütteln. Einige Eiswürfel in das Old-Fashioned-Glas geben und den Drink abseihen. Mit der Cocktailkirsche dekorieren.

GIMLET

REZEPTUR: 4 cl Gin, 2 cl Lime Juice.

SONSTIGES: Rührglas, Strainer, Barlöffel, Messbecher, Eiswürfel, Cocktailglas, Zitronenspirale.

ZUBEREITUNG: Eiswürfel in das Rührglas geben. Die Zutaten mit dem Messbecher einmessen und mit dem Barlöffel gut vermischen. In das Cocktailglas abseihen und mit der Zitronenspirale versehen.

GIN FIZZ

REZEPTUR: 4 cl Gin, 2 cl Zitronensaft, 1 cl Zuckersirup.

SONSTIGES: Shaker, Barlöffel, Messbecher, Eiswürfel, Longdrinkglas, Sodawasser, Trinkhalm.

ZUBEREITUNG: Eiswürfel in den Shaker geben. Die Zutaten mit dem Messbecher einmessen und gut schütteln. In das Longdrinkglas abseihen, mit Sodawasser auffüllen und mit Trinkhalm servieren.

GIN SOUR

REZEPTUR: 4 cl Gin, 2 cl Zitronensaft, 1Barlöffel Zuckersirup, Sodawasser.

SONSTIGES: Shaker, Barlöffel, Messbecher, Old-Fashioned-Glas, 1 Orangenspalte, 1 Zitronenspalte, 2 Cocktailkirschen, Cocktailstick.

ZUBEREITUNG: Eiswürfel in den Shaker geben. Gin, Zitronensaft und Zuckersirup einmessen und kräftig schütteln. In das Old-Fashioned-Glas abseihen und mit einem Schuss Sodawasser vollenden. Die Garnitur auf dem Stick dazugeben.

GIRL'S DREAM

REZEPTUR: 2 cl Gin, 2 cl Cherry Brandy, 2 cl Weinbrand, 1 Spritzer Angosturabitter, Sekt.

SONSTIGES: Shaker, Barlöffel, Messbecher, Sektschale, Eiswürfel.

ZUBEREITUNG: Eiswürfel, Gin, Cherry Brandy und Weinbrand in den Shaker geben und gut schütteln. In die Sektschale abseihen, den Angosturabitter dazugeben und mit Sekt auffüllen.

GOOD TIMES

REZEPTUR: 4 cl Gin, 1 cl Apricot Brandy, 6 cl Orangensaft, 1 cl Grenadinesirup.

SONSTIGES: Shaker, Barlöffel, Messbecher, Sektschale, Eiswürfel.

ZUBEREITUNG: Eiswürfel in den Shaker geben. Die Zutaten mit dem Messbecher einmessen und kräftig schütteln. In die Sektschale abseihen.

GREEN TOUCH

REZEPTUR: 3 cl Gin, 2 cl Curacao blue, 6 cl Orangensaft, 1 cl Limettensaft, 2 Kugeln Vanilleeis.

SONSTIGES: Aufsatzmixer, Barlöffel, Messbecher, Eiswürfel, Longdrinkglas, Orangenscheibe, 2 Trinkhalme.

ZUBEREITUNG: Eiswürfel in den Aufsatzmixer geben. Die Zutaten mit dem Messbecher einmessen und bei mittlerer Stufe mixen. In das Longdrinkglas gießen, die Orangenscheibe am Glasrand aufsetzen, und die Trinkhalme dazugeben.

HAPPENING

REZEPTUR: 2 cl Gin, 2 cl Campari, 2 cl Wermut bianco, 3 cl Gin, Sodawasser.

SONSTIGES: Shaker, Barlöffel, Messbecher, Longdrinkglas, Eiswürfel, Orangenscheibe, Trinkhalm.

ZUBEREITUNG: Eiswürfel in den Shaker geben. Gin, Campari und den Wermut einmessen. Gut schütteln und in das Longdrinkglas abseihen, mit Sodawasser auffüllen. Die Orangenscheibe am Glasrand aufsetzen und den Trinkhalm dazugeben.

HAPPY HOUR

REZEPTUR: 2 cl Gin, 2 cl Bacardi, 2 cl Wermut rosso, 2 cl Orangensaft.

SONSTIGES: Shaker, Barlöffel, Messbecher, Eiswürfel, große Cocktailschale.

ZUBEREITUNG: Eiswürfel in den Shaker geben. Die Zutaten mit dem Messbecher einmessen und gut schütteln. In das Cocktailglas abseihen.

HIGHLIGHT

REZEPTUR: 2 cl Gin, 2 cl Dubonnet, 2 cl Wermut rosso.

SONSTIGES: Rührglas, Strainer, Barlöffel, Messbecher, Eiswürfel, Cocktailglas, Cocktailkirsche, Cocktailstick.

ZUBEREITUNG: Eiswürfel in das Rührglas geben. Die Zutaten mit dem Messbecher einmessen und mit dem Barlöffel gut verrühren. In das Cocktailglas abseihen und mit der Cocktailkirsche garnieren.

ITALIAN FRIENDS

REZEPTUR: 2 cl Gin, 2 cl Campari, 2 cl Wermut bianco.

SONSTIGES: Rührglas, Strainer, Barlöffel, Messbecher, Eiswürfel, Cocktailschale, 1 Orangenscheibe.

ZUBEREITUNG: Eiswürfel in das Rührglas geben. Die Zutaten mit dem Messbecher einmessen und mit dem Barlöffel gut verrühren. In die Coktailschale abseihen und die Orangenscheibe am Glasrand aufsetzen.

ITALIANO

REZEPTUR: 4 cl Gin, 1 cl Amaretto, 1 cl Zitronensaft, Marillen-/Aprikosennektar.

SONSTIGES: Shaker, Barlöffel, Messbecher, Longdrinkglas, Eiswürfel, 2 Cocktailkirschen, Trinkhalm.

ZUBEREITUNG: Eiswürfel in den Shaker geben. Gin, Amaretto und den Zitronensaft mit dem Messbecher einmessen und kräftig schütteln. In das Longdrinkglas abseihen und mit dem Marillen-/Aprikosennektar auffüllen. Die Cocktailkirschen und den Trinkhalm in das fertige Getränk geben.

JACKIES

REZEPTUR: 2 cl Gin, 1 cl Apricot Brandy, 2 cl Orangensaft, 1 cl Himbeergeist, Sekt.

SONSTIGES: Shaker, Barlöffel, Messbecher, Eiswürfel, Sektschale, Cocktailkirsche, Cocktailstick.

ZUBEREITUNG: Eiswürfel in den Shaker geben. Die Zutaten mit dem Messbecher einmessen und gut schütteln. Mit trockenem Sekt auffüllen und mit der Cocktailkirsche garnieren.

KENSINGTON BRIDGE

REZEPTUR: 2 cl Gin, 2 cl Wemut dry, 1 cl Apricot Brandy, 1 cl Cointreau.

SONSTIGES: Shaker, Barlöffel, Messbecher, Cocktailglas, Cocktailkirsche, Cocktailstick.

0,7 LITER

CAIPIROVKA

REZEPTUR: 4 cl Wodka, 4 Limettenspalten, 3 Barlöffel braunen Zucker.

SONSTIGES: Barlöffel, Messglas, Stössel, Old-Fashioned-Glas, zerstoßenes Eis, Limettenspalte, Stirer.

ZUBEREITUNG: Die Limettenspalten in das Old-Fashioned-Glas geben und darüber den braunen Zucker. Die Limettenspalten mit dem Stössel zerdrücken und den Wodka darauf gießen. Das Glas mit zerstoßenem Eis auffüllen, mit der Limettenspalte dekorieren und den Stirer dazugeben.

LONG NIGHTS

REZEPTUR: 4 cl Wodka, 2 cl Crème de Bananes, 1 cl Grenadinesirup, 4 cl Orangensaft, Tonicwater.

SONSTIGES: Shaker, Barlöffel, Messbecher, Longdrinkglas, Eiswürfel, 1 Orangenscheibe, Cocktailkirsche mit Stiel, Trinkhalm.

ZUBEREITUNG: Eiswürfel in den Shaker geben. Die Zutaten außer Tonicwater einmessen und kräftig schütteln. Einige Eiswürfel in das Longdrinkglas geben, den Drink abseihen und mit Tonic auffüllen. Die Orangenscheibe und die Cocktailkirsche an den Glasrand hängen und den Trinkhalm dazugeben.

BLAUE LAGUNE

REZEPTUR: 3 cl Wodka, 3 cl Curacao blue.

SONSTIGES: Barlöffel, Messbecher, Old-Fashioned-Glas, Eiswürfel.

ZUBEREITUNG: Einige Eiswürfel in das Old-Fashioned-Glas geben und die Zutaten darüber gießen. Kurz umrühren.

ZUBEREITUNG: Eiswürfel in den Shaker geben. Die Zutaten mit dem Messbecher einmessen und kurz schütteln. In das Cocktailglas abseihen und mit der Cocktailkirsche garnieren.

KIWI BREEZE

REZEPTUR: 2 cl Gin, 2 cl Kiwilikör, 2 cl Wermut bianco, 2 cl Zitronensaft, 1 Kugel Kiwieis.

SONSTIGES: Shaker, Barlöffel, Messbecher, Longdrinkglas, Eiswürfel, zerstoßenes Eis, Trinkhalm, Limonadenlöffel.

ZUBEREITUNG: Das Longdrinkglas halb mit dem zerstoßenen Eis anfüllen. Eiswürfel in den Shaker geben und alle Zutaten außer dem Kiwieis einmessen. Kräftig schütteln und in das vorbereitete Glas abseihen. Zum Schluss die Eiskugel in der Mitte des Glases aufsetzen. Mit dem Limonadenlöffel und dem Trinkhalm servieren.

LA VIE EN ROSE

REZEPTUR: 2 cl Gin, 2 cl Kirschwasser, 2 cl Zitronensaft, 1 Spritzer Grenadinesirup.

SONSTIGES: Shaker, Barlöffel, Messbecher, Cocktailglas, Eiswürfel.

ZUBEREITUNG: Eiswürfel in den Shaker geben. Gin, Kirschwasser, Zitronensaft einmessen und einen Spritzer Grenadinesirup hinzufügen. Kräftig schütteln und in das Cocktailglas abseihen.

LADY KILLER

REZEPTUR: 2 cl Gin, 1 cl Apricot Brandy, 1 cl Cointreau, 2 cl Maracujasaft, 4 cl Ananassaft.

SONSTIGES: Shaker, Barlöffel, Messglas, Longdrinkglas, Eiswürfel, Orangenspirale, Minzenzweig, Trinkhalm.

ZUBEREITUNG: Eiswürfel in den Shaker geben und die Zutaten einmessen. Kräftig schütteln und in das Longdrinkglas abseihen. Den Minzenzweig am Glasrand dekorieren und die Orangenspirale in das Glas hängen. Den Trinkhalm dazugeben.

LITTLE MERMAID

REZEPTUR: 2 cl Gin, 2 cl Curacao blue, 2 cl Wermut bianco, Bitter Orange.

SONSTIGES: Barlöffel, Messbecher, Eiswürfel, Longdrinkglas, Zitronenspirale, Orangenscheibe, Trinkhalm.

ZUBEREITUNG: Eiswürfel in das Glas geben und die Zutaten der

Reihe nach einmessen. Mit dem Bitter Orange auffüllen, die Zitronenspirale am Glasrand einhängen und die Orangenscheibe daneben aufsetzen.

LITTLE PRINCE

REZEPTUR: 3 cl Gin, 2 cl Cherry Brandy, 1 cl Wermut bianco, Bitter Lemon.

SONSTIGES: Rührglas, Barsieb, Barlöffel, Messbecher, Longdrinkglas, Karambolescheibe, 2 Trinkhalme.

ZUBEREITUNG: Eiswürfel in das Rührglas geben. Gin, Cherry Brandy und den Wermut einmessen und mit dem Barlöffel kräftig rühren. In das Longdrinkglas abseihen und mit Bitter Lemon auffüllen.Die Karambolescheibe am Glasrand aufsetzen und die Trinkhalme dazugeben.

LOIRE

REZEPTUR: 4 cl Gin, 2 cl Orangensaft, 1Barlöffel Grand Marnier oder Cointreau.

SONSTIGES: Shaker, Barlöffel, Messglas, Cocktailglas, Eiswürfel, Oranagenspalte.

ZUBEREITUNG: Eiswürfel in den Shaker geben. Die Zutaten mit dem Messbecher bzw. dem Barlöffel einmessen und kräftig schütteln. In das Cocktailglas abseihen und die Orangenspalte am Glasrand aufsetzen.

MARTINI COCKTAIL DRY

REZEPTUR: 2 cl Noilly Prat, 4 cl Gin.

SONSTIGES: Rührglas, Strainer, Barlöffel, Messbecher, Eiswürfel, Cocktailglas, Olive, Cocktailstick.

ZUBEREITUNG: Eiswürfel in das Rührglas geben. Die Zutaten einmessen und mit dem Barlöffel kräftig vermischen. In das Cocktailglas abseihen und mit der Olive garnieren.

MILANO

REZEPTUR: 2 cl Gin, 2 cl Amaretto, 2 cl Orangensaft.

SONSTIGES: Shaker, Barlöffel, Messglas, Cocktailglas, Eiswürfel, Orangenscheibe.

ZUBEREITUNG: Eiswürfel in den Shaker geben und die Zutaten einmessen. Kräftig schütteln und in das Cocktailglas abseihen. Die Orangenscheibe am Glasrand dekorieren.

MISSISSIPPI

REZEPTUR: 2 cl Gin, 3 cl Apricot Brandy, 1 cl Grapefruitsaft.

SONSTIGES: Shaker, Barlöffel, Messbecher, Eiswürfel, Cocktailglas.

ZUBEREITUNG: Eiswürfel in den Shaker geben. Die Zutaten mit dem Messbecher einmessen und gut schütteln. In das Cocktailglas abseihen.

MOONLIGHT

REZEPTUR: 3 cl Gin, 1 cl Curacao blue, 1 cl Cointreau, 2 cl Ananassaft, Tonic Water.

SONSTIGES: Shaker, Barlöffel, Messglas, Longdrinkglas, Eiswürfel, Ananascheibe, Cocktailkirsche auf Stick, Trinkhalm.

ZUBEREITUNG: Eiswürfel in den Shaker geben. Die Zutaten außer dem Tonic Water einmessen und kräftig schütteln. In das mit einigen Eiswürfeln gefüllte Longdrinkglas abseihen, die Ananasscheibe am Glasrand aufsetzen und die Cocktailkirsche dazustecken. Trinkhalm in das Glas geben.

NEGRONI

REZEPTUR: 2 cl Gin, 2 cl Campari, 2 cl Wermut rosso.

SONSTIGES: Rührglas, Strainer, Barlöffel, Messbecher, Eiswürfel, Cocktailglas, Cocktailkirsche, Cocktailstick.

ZUBEREITUNG: Eiswürfel in das Rührglas geben. Die Zutaten mit dem Messbecher einmessen und mit dem Barlöffel gut verrühren. In das Cocktailglas abseihen und mit der Cocktailkirsche garnieren.

NORMANDIE

REZEPTUR: 3 cl Gin, 3 cl Calvados, 3 cl Pfirsichnektar, 3 cl Orangensaft, 2 Spritzer Grenadinesirup.

SONSTIGES: Shaker, Barlöffel, Messbecher, Longdrinkglas, Eiswürfel, Orangenscheibe,Trinkhalm.

ZUBEREITUNG: Eiswürfel in den Shaker geben. Die Zutaten einmessen und kräftig schütteln.
In das Longdrinkglas abseihen, die Orangenscheibe am Glasrand aufstecken und den Trinkhalm dazugeben.

OPERA

REZEPTUR: 4 cl Gin, 2 cl Dubonnet, 1 Spritzer Maraschino.

SONSTIGES: Rührglas, Barsieb, Barlöffel, Messbecher, Cocktailglas, Eiswürfel.

ZUBEREITUNG: Eiswürfel in das Rührglas geben. Die Zutaten mit dem Messbecher einmessen und mit dem Barlöffel gut durchrühren. In das Cocktailglas abseihen.

ORANGE BLOSSOM

REZEPTUR: 2 cl Gin, 2 cl Curacao Orange, 3 cl Orangensaft.

SONSTIGES: Shaker, Barlöffel, Messbecher, Cocktailschale, Eiswürfel.

ZUBEREITUNG: Eiswürfel in den Shaker geben. Die Zutaten einmessen und gut schütteln. In die Cocktailschale abseihen.

ORANGE BREEZE

REZEPTUR: 2 cl Gin, 2 cl Curacao weiß, 2 cl Wermut bianco, 2 cl Orangensaft, 1 Kugel Orangeneis.

SONSTIGES: Shaker, Barlöffel, Messbecher, Longdrinkglas, Eiswürfel, zerstoßenes Eis, Trinkhalm, Limonadenlöffel.

ZUBEREITUNG: Das Longdrinkglas halb mit dem zerstoßenen Eis anfüllen. Eiswürfel in den Shaker geben und alle Zutaten außer dem Orangeneis einmessen. Gut schütteln und in das vorbereitete Glas abseihen. Zum Schluss die Eiskugel in der Mitte des Glases aufsetzen. Mit dem Limonadenlöffel und dem Trinkhalm servieren.

PARADISE

REZEPTUR: 2 cl Gin, 2 cl Apricot Brandy, 2 cl Orangensaft.

SONSTIGES: Shaker, Messbecher, Cocktailglas, Eiswürfel, Orangenscheibe.

ZUBEREITUNG: Eiswürfel in den Shaker geben. Die Zutaten mit dem Messbecher einmessen und kräftig schütteln. In das Cocktailglas abseihen und die Orangenscheibe am Glasrand aufsetzen.

PINK FLAMINGO

REZEPTUR: 3 cl Gin, 3 cl Cherry Brandy, 4 cl Orangensaft, 4 cl Ananassaft, 2 cl Coconut Cream.

SONSTIGES: Elektromixer, Strainer, Barlöffel, Messbecher, zerstoßenes Eis, Longdrinkglas, 1 Orangenscheibe, 1 Kiwischeibe, 1 Cocktailspieß, 1 Trinkhalm.

ZUBEREITUNG: Das Longdrinkglas zur Hälfte mit zerstoßenem Eis anfüllen. Die Zutaten mit dem Messbecher in den Aufsatz des Mixers einmessen und gut durchmischen. In das Glas abseihen. Die Orangen- und Kiwischeibe auf den Glasrand stecken, die Cocktailkirsche daranspießen und den Trinkhalm dazugeben.

PINK LADY

REZEPTUR: 4 cl Gin, 2 cl Calvados, 1 cl Grenadinesirup, 1 cl Zitronensaft.

SONSTIGES: Shaker, Barlöffel, Messbecher, Cocktailglas, Eiswürfel.

ZUBEREITUNG: Eiswürfel in den Shaker geben. Die Zutaten mit dem Messbecher einmessen und gut schütteln. In das Cocktailglas abseihen.

PLAYGIRL

REZEPTUR: 3 cl Gin, 1 cl Amaretto, 2 cl Apricot Brandy.

SONSTIGES: Shaker, Barlöffel, Messbecher, Eiswürfel, Cocktailglas.

ZUBEREITUNG: Eiswürfel in den Shaker geben. Die Zutaten mit dem Messbecher einmessen und gut schütteln. In das Cocktailglas abseihen.

PRINCESS MARY COCKTAIL

REZEPTUR: 2 cl Gin, 2 cl Crème de Cacao weiß, 2 cl Obers/Sahne.

SONSTIGES: Shaker, Barlöffel, Messbecher, Cocktailglas, Eiswürfel.

ZUBEREITUNG: Eiswürfel in den Shaker geben. Die Zutaten einmessen, und kurz und kräftig schütteln. In das Cocktailglas abseihen.

QUEBEC

REZEPTUR: 2 cl Gin, 2 cl Wermut rosso, 2 cl Ahornsirup, 2 Spritzer Angosturabitter.

SONSTIGES: Shaker, Barlöffel, Messbecher, Eiswürfel, Cocktailglas.

ZUBEREITUNG: Eiswürfel in den Shaker geben. Die Zutaten mit dem Messbecher einmessen und gut schütteln. In das Cocktailglas abseihen.

RHEINGOLD

REZEPTUR: 2 cl Gin, 1 cl Cointreau, 1 cl Wermut dry, 2 cl Campari.

SONSTIGES: Shaker, Barlöffel, Messbecher, Cocktailglas, Eiswürfel.

ZUBEREITUNG: Eiswürfel in den Shaker geben. Die Zutaten mit

dem Messbecher einmessen und kräftig schütteln. In das Cocktailglas abseihen.

RONNIE

REZEPTUR: 3 cl Gin, 2 cl Likör Chartreuse grün, 1 cl Chartreuse gelb.

SONSTIGES: Rührglas, Strainer, Barlöffel, Messbecher, Eiswürfel, Cocktailglas, Olive, Cocktailstick.

ZUBEREITUNG: Eiswürfel in das Rührglas geben. Die Zutaten mit dem Messbecher einmessen und mit dem Barlöffel gut durchrühren. In das Cocktailglas abseihen und mit der Olive garnieren.

ROYAL FLUSH

REZEPTUR: 2 cl Gin, 2 cl Wermut dry, 2 cl Cherry Brandy, 1 Spritzer Maraschino.

SONSTIGES: Shaker, Barlöffel, Messbecher, Eiswürfel, Cocktailschale, Cocktailkirsche, Cocktailstick.

ZUBEREITUNG: Eiswürfel in den Shaker geben. Die Zutaten mit dem Messbecher einmessen und gut schütteln. In die Cocktailschale abseihen und mit der Cocktailkirsche garnieren.

SINGAPUR SLING

REZEPTUR: 4 cl Gin, 3 cl Zitronensaft, 1 Spritzer Angosturabitter, 1 cl Grenadinesirup, 2 cl Cherry Brandy, 2 cl Orangenlikör, 8 cl Ananassaft, 1 cl Bénédictine.

SONSTIGES: Shaker, Barlöffel, Messbecher, Longdrinkglas, Eiswürfel, Trinkhalm, Schirmchen, Orangenscheibe, Cocktailkirsche.

ZUBEREITUNG: Eiswürfel in den Shaker geben. Die Zutaten einmessen und kräftig schütteln.Trinkhalm durch die Mitte der Orangenscheibe stecken und eine auf ein Schirmchen gespießte Cocktailkirsche darauf geben.

SUMMERNIGHT

REZEPTUR: 2 cl Gin, 4 cl Hollundersirup, 2 cl Zitronensaft, Tonic Water.

SONSTIGES: Shaker, Barlöffel, Messglas, Longdrinkglas, Eiswürfel, Zitronenscheibe, Trinkhalm.

ZUBEREITUNG: Eiswürfel in den Shaker geben. Die Zutaten außer dem Tonic Water einmessen und kräftig schütteln. In das Longdrinkglas abseihen, mit Tonic Water auffüllen und die Zitronenscheibe am Glasrand dekorieren.

SURPRISE

REZEPTUR: 5 cl Gin, Saft und Schale von 2 Limetten, 1 Barlöffel Zuckersirup.

SONSTIGES: Barlöffel, Messbecher, Old-Fashioned-Glas, Eiswürfel, 2 kurze Trinkhalme.

ZUBEREITUNG: Die Eiswürfel in das Glas geben. Die Limetten vierteln. Den Saft über den Eiswürfeln ausdrücken. Die Limettenspalten, den Gin und den Zuckersirup dazugeben und gut umrühren. Die Trinkhalme in das fertige Getränk stecken.

TEXAS FIZZ

REZEPTUR: 4 cl Gin, 2 cl Zitronensaft, 1 Barlöffel Zuckersirup, 2 cl Orangensaft, Soda.

SONSTIGES: Shaker, Barlöffel, Messbecher, Longdrinkglas, Eiswürfel, Trinkhalm.

ZUBEREITUNG: Eiswürfel in den Shaker geben. Alle Zutaten außer dem Sodawasser einmessen und kräftig schütteln. In das Longdrinkglas abseihen, mit Sodawasser auffüllen und den Trinkhalm dazugeben.

THE PRESIDENT

REZEPTUR: 2cl Gin, 2 cl Wermut bianco, 2 cl Grand Marnier, 2 cl Orangensaft, 1 cl Grenadinesirup.

SONSTIGES: Shaker, Barlöffel, Messglas, Sektschale, Eiswürfel.

ZUBEREITUNG: Eiswürfel in den Shaker geben. Die Zutaten mit dem Messbecher einmessen und kräftig schütteln. In die Sektschale abseihen.

TOM COLLINS

REZEPTUR: 4 cl Gin, 3 cl Zironensaft, 2 cl Zuckersirup, 1 Spritzer Angosturabitter, Sodawasser.

SONSTIGES: Barlöffel, Messbecher, Eiswürfel, Longdrinkglas, 2 Cocktailkirschen, 1 Zitronenscheibe.

ZUBEREITUNG: Das Glas zu $^3/_4$ mit Eiswürfeln füllen und die Zutaten mit dem Messbecher einmessen. Danach den Angosturabitter darauf spritzen und mit Sodawasser auffüllen. Die Cocktailkirschen in das Glas geben und die Zitronenscheibe am Glasrand aufsetzen.

TOWER BRIDGE

REZEPTUR: 2 cl Gin, 2 cl Galliano, 1 Spritzer Grenadinesirup, 2 cl Obers/Sahne.

SONSTIGES: Shaker, Barlöffel, Messbecher, Sektschale, Eiswürfel,

ZUBEREITUNG: Eiswürfel in den Shaker geben. Gin, Galliano und Obers/Sahne einmessen und den Grenadine hinzufügen, kräftig schütteln. In die Sektschale abseihen.

TRINIDAD

REZEPTUR: 4 cl Gin, 2 cl Wermut rosso, 2 Spritzer Angosturabitter.

SONSTIGES: Shaker, Barlöffel, Messbecher, Cocktailglas, Eiswürfel.

ZUBEREITUNG: Eiswürfel in den Shaker geben. Die Zutaten mit dem Messbecher einmessen und gut schütteln. In das Cocktailglas abseihen.

TROPICAL DELIGHT

REZEPTUR: 3 cl Gin, 2 cl Curacao blue, 3 cl Maracujasaft, Sodawasser.

SONSTIGES: Shaker, Barlöffel, Messglas, Longdrinkglas, Eiswürfel, Orangenscheibe, Karambolescheibe, Cocktailkirsche, Trinkhalm.

ZUBEREITUNG: Eiswürfel in den Shaker geben und die Zutaten außer dem Sodawasser einmessen. Kräftig schütteln, in das Longdrinkglas abseihen und mit Sodawasser auffüllen. Orangen- und Karambolescheibe am Glasrand aufsetzen. Cocktailkirsche und Trinkhalm in das Glas geben.

VIENNA GIRL COCKTAIL

REZEPTUR: 2 cl Gin, 2 cl Curacao grün, 1 cl Wermut sweet, 1 cl Obers/Sahne.

SONSTIGES: Shaker, Barlöffel, Messbecher, Eiswürfel, Cocktailglas mit Zuckerrand.

ZUBEREITUNG: Cocktailglas mit einem Zuckerrrand versehen. Eiswürfel in den Shaker geben. Die Zutaten mit dem Messbecher einmessen und gut schütteln. In das Cocktailglas abseihen.

WESTERN ROSE COCKTAIL

REZEPTUR: 3 cl Gin, 2 cl Apricot Brandy, 2 cl Wermut trocken, 1 Spritzer Zitronensaft.

SONSTIGES: Shaker, Barlöffel, Messglas, Cocktailglas, Eiswürfel, Zitronenscheibe.

ZUBEREITUNG: Eiswürfel in den Shaker geben und die Zutaten einmessen. Kräftig schütteln, in das Cocktailglas abseihen und die Zitronenscheibe am Glasrand dekorieren.

WHITE LADY

REZEPTUR: 2 cl Gin, 2 cl Cointreau, 2 cl Zitronensaft, eventuell Zuckerrand.

SONSTIGES: Shaker, Barlöffel, Messbecher, Eiswürfel, Cocktailglas (eventuell mit Zuckerrand).

ZUBEREITUNG: Eiswürfel in den Shaker geben. Die Zutaten mit dem Messbecher einmessen und gut schütteln. Das fertige Getränk in das Cocktailglas abseihen.

YELLOW SEA

REZEPTUR: 4 cl Gin, 2 cl Bananenlikör, 4 cl Orangensaft, Tonicwater.

SONSTIGES: Shaker, Barlöffel, Messbecher, Longdrinkglas, Eiswürfel, Orangenscheibe, Cocktailkirsche, Trinkhalm.

ZUBEREITUNG: Eiswürfel in den Shaker geben. Die Zutaten, außer dem Tonicwater mit dem Messbecher einmessen und kräftig schütteln. In das Longdrinkglas abseihen und die Orangenscheibe mit der Cocktailkirsche an den Glasrand stecken.

YELLOW STOCKINGS

REZEPTUR: 2 cl Gin, 2 cl Bananenlikör, 1 cl Mangosirup, 1 cl Spritzer Obers/Sahne.

SONSTIGES: Shaker, Barlöffel, Messglas, Eiswürfel, Cocktailglas, 1 Bananenscheibe.

ZUBEREITUNG: Eiswürfel in den Shaker geben. Die Zutaten mit dem Messbecher einmessen und gut schütteln. In das Cocktailglas abseihen und die Bananenscheibe am Glasrand aufstecken.

007

REZEPTUR: 3 cl Wodka, 3 cl Wermut rosso, 1 cl Orangensaft.

SONSTIGES: Shaker, Barlöffel, Messbecher, Cocktailglas, Orangenscheibe, Cocktailkirsche, Cocktailstick.

ZUBEREITUNG: Eiswürfel in den Shaker geben. Die Zutaten einmessen und kräftig schütteln. In das Cocktailglas abseihen und die Orangenscheibe am Glasrand mit der Cocktailkirsche aufsetzen.

AMANDA

REZEPTUR: 4 cl Wodka, 1 cl Galliano, 1 cl Grenadinesirup, 4 cl Orangensaft, 3 cl Grapefruitsaft.

SONSTIGES: Barlöffel, Messbecher, Longdrinkglas, zerstoßenes Eis, Cocktailkirsche auf Stick, Trinkhalm.

ZUBEREITUNG: Das Longdrinkglas zu $^{3}/_{4}$ mit zerstoßenem Eis füllen. Die Zutaten einmessen, mit dem Barlöffel leicht verrühren und mit der Cocktailkirsche dekorieren. Den Trinkhalm dazugeben.

BABYFACE

REZEPTUR: 2 cl Wodka, 2 cl Crème de Cassis, 2 cl Obers/Sahne.

SONSTIGES: Shaker, Barlöffel, Messbecher, Cocktailschale, Eiswürfel.

ZUBEREITUNG: Eiswürfel in den Shaker geben. Die Zutaten einmessen und kurz, aber kräftig schütteln. In die Cocktailschale abseihen.

BALALAIKA

REZEPTUR: 4 cl Wodka, 2 cl Cointreau, 2 cl Zitronensaft.

SONSTIGES: Shaker, Barlöffel, Messbecher, Cocktailschale, Eiswürfel, Cocktailkirsche auf Stick.

ZUBEREITUNG: Shaker zu $^{1}/_{3}$ mit Eiswürfel füllen. Die Zutaten einmessen und kräftig schütteln. In die Cocktailschale abseihen und mit der Cocktailkirsche dekorieren.

BERNICE

REZEPTUR: 4 cl Wodka, 2 cl Galliano, 3 cl Limetten- oder Zitronensaft.

SONSTIGES: Shaker, Barlöffel, Messbecher, Cocktailschale, Eiswürfel, Zitronenspalte.

ZUBEREITUNG: Shaker zu $^1/_3$ mit Eiswürfel füllen. Die Zutaten einmessen und kräftig schütteln. In die Cocktailschale abseihen und mit der Zitronenspalte garnieren.

BIKINI

REZEPTUR: 2 cl Wodka, 2 cl Bananenlikör, 2 cl Obers/Sahne, 1 Prise Vanillezucker.

SONSTIGES: Shaker, Barlöffel, Messbecher, Cocktailschale.

ZUBEREITUNG: Shaker zu $^1/_3$ mit Eiswürfel füllen. Wodka, Bananenlikör und Obers/Sahne einmessen und kurz, aber kräftig schütteln. In die Cocktailschale abseihen und mit Vanillezucker bestreuen.

BLACK MAGIC

REZEPTUR: 4 cl Wodka, 2 cl Kaffeelikör.

SONSTIGES: Barlöffel, Messbecher, Old-Fashioned-Glas, Eiswürfel.

ZUBEREITUNG: Das Old-Fashioned-Glas zu $^2/_3$ mit Eiswürfel füllen und die Spirituosen darüber gießen. Leicht umrühren.

BLACK RUSSIAN

REZEPTUR: 4 cl Wodka, 2 cl Kaffeelikör.

SONSTIGES: Rührglas, Barsieb, Barlöffel, Messbecher, Cocktailschale, Eiswürfel.

ZUBEREITUNG: Eiswürfel in das Rührglas geben und die Zutaten einmessen. Gut verrühren und in die Cocktailschale abseihen.

BLAUE ADRIA

REZEPTUR: 3 cl Wodka, 2 cl Curacao blue, 1 cl Zitronensaft.

SONSTIGES: Rührglas, Barlöffel, Barsieb, Messglas, Cocktailglas, Eiswürfel, Zitronenscheibe, Cocktailkirsche auf Stick.

ZUBEREITUNG: Eiswürfel in das Rührglas geben und die Zutaten einmessen. Mit dem Barlöffel kräftig verrühren und mit dem Barsieb in das Cocktailglas abseihen. Die Zitronenscheibe am Glasrand aufsetzen und die Cocktailkirsche dazustecken.

BLAUE LAGUNE

REZEPTUR: 3 cl Wodka, 3 cl Curacao blue.

SONSTIGES: Barlöffel, Messbecher, Old-Fashioned-Glas, Eiswürfel.

ZUBEREITUNG: Einige Eiswürfel in das Old-Fashioned-Glas geben und die Zutaten darüber gießen. Kurz umrühren.

BLOODY BULL

REZEPTUR: 4 cl Wodka, 4 cl Tomatensaft, 4 cl Rindsuppe, 1 cl Zitronensaft, 1 Spritzer Tabasco, Salz, Pfeffer.

SONSTIGES: Rührglas, Barsieb, Barlöffel, Messbecher, niedriger Tumbler, Eiswürfel, Zitronenspalte.

ZUBEREITUNG: Eiswürfel in das Rührglas geben. Wodka, Rindsuppe, Tomaten- und Zitronensaft einmessen und gut verrühren. In den Tumbler abseihen und mit Tabasco, Worcester, Salz und Pfeffer vollenden.

BLOODY MARY

REZEPTUR: 4 cl Wodka, 1 cl Zitronensaft, 1 Spritzer Tabasco, 1 Spritzer Worcestersauce, Salz, Pfeffer, $^1/_8$ l Tomatensaft.

SONSTIGES: Longdrinkglas, Barlöffel, Messbecher, Eiswürfel, Zitronenspalte, Stirer.

ZUBEREITUNG: Einige Eiswürfel in das Glas geben, die Zutaten darauf geben und umrühren.
Die Zitronenspalte am Glasrand aufstecken und den Stirer dazugeben. Salz und Pfeffer zum Nachwürzen dazustellen.

BLUE MONDAY

REZEPTUR: 3 cl Wodka, 1.5 cl Curacao blue, 1.5 cl Cointreau.

SONSTIGES: Rührglas, Barsieb, Barlöffel, Cocktailglas, Eiswürfel, Orangenscheibe.

ZUBEREITUNG: Eiswürfel in das Rührglas geben. Die Zutaten einmessen und gut verrühren. In das Cocktailglas abseihen und die Orangenscheibe am Glasrand aufsetzen.

BOLSHOI

REZEPTUR: 2 cl Wodka, 2 cl Bananenlikör, 2 cl Curacao blue, 2 cl Zitronensaft.

SONSTIGES: Shaker, Barlöffel, Messglas, Cocktailschale, Eiswürfel, Bananenscheibe, Cocktailkirsche auf Stick.

ZUBEREITUNG: Eiswürfel in den Shaker geben und die Zutaten einmessen. Kräftig schütteln und in die Cocktailschale abseihen. Die

Bananenscheibe am Glasrand aufstecken und mit der Cocktailkirsche dekorieren.

BULLSHOT

REZEPTUR: 4 cl Wodka, 6 cl kräftige Rindsuppe, 1 Spritzer Tabasco, 1 Spritzer Worcestersauce, Salz, Pfeffer.

SONSTIGES: Rührglas, Barsieb, Barlöffel, Messbecher, niedriger Tumbler, Eiswürfel.

ZUBEREITUNG: Eiswürfel in das Rührglas geben. Wodka und die Rindsuppe im Rührglas gut vermischen. Einige Eiswürfel in das Glas geben und den Drink abseihen. Mit Tabasco, Worcestersauce, Salz und Pfeffer vollenden.

CAIPIROVKA

REZEPTUR: 4 cl Wodka, 4 Limettenspalten, 3 Barlöffel braunen Zucker.

SONSTIGES: Barlöffel, Messglas, Stössel, Old-Fashioned-Glas, zerstoßenes Eis, Limettenspalte, Stirer.

ZUBEREITUNG: Die Limettenspalten in das Old-Fashioned-Glas geben und darüber den braunen Zucker. Die Limettenspalten mit dem Stössel zerdrücken und den Wodka darauf gießen. Das Glas mit zerstoßenem Eis auffüllen, mit der Limettenspalte dekorieren und den Stirer dazugeben.

CAMASUTRA

REZEPTUR: 3 cl Wodka, 2 cl Bananenlikör, 2 cl Curacao blue, 2 cl Orangensaft.

SONSTIGES: Shaker, Barlöffel, Messbecher, Cocktailschale, Eiswürfel.

ZUBEREITUNG: Eis in den Shaker geben. Die Zutaten einmessen und kräftig schütteln. In die Cocktailschale abseihen.

CASABLANCA

REZEPTUR: 3 cl Wodka, 2 cl Eierlikör, 2 cl Galliano, 1 cl Orangensaft, 1 cl Zitronensaft.

SONSTIGES: Shaker, Barlöffel, Messbecher, Cocktailschale, Eiswürfel.

ZUBEREITUNG: Eiswürfel in den Shaker geben. Die Zutaten einmessen und kräftig schütteln. In die Cocktailschale abseihen.

CHI CHI

REZEPTUR: 4 cl Wodka, 6 cl Ananassaft, 2 cl Honig, 4 cl Coconut Cream.

SONSTIGES: Aufsatzmixer, Barlöffel, Messbecher, Longdrinkglas, zerstoßenes Eis, Trinkhalm, Stirer, Ananasspalte.

ZUBEREITUNG: Zerstoßenes Eis in den Mixer geben und die Zutaten einmessen. Mit mittlerer Geschwindigkeit vermischen und mit dem Eis in das Glas geben. Die Ananasspalte am Glasrand aufsetzen.

COMFORTABLE RUSSIAN

REZEPTUR: 3 cl Wodka, 3 cl Gin, 2 cl Southern Comfort, 6 cl Orangensaft.

SONSTIGES: Shaker, Barlöffel, Messbecher, Longdrinkglas, Eiswürfel, Orangenscheibe, Cocktailkirsche, Cocktailstick.

ZUBEREITUNG: Eiswürfel in den Shaker geben. Die Zutaten einmessen und kräftig schütteln. In das Longdrinkglas abseihen, mit Orangenscheibe und Cocktailkirsche dekorieren.

CZARINE

REZEPTUR: 3 cl Wodka, 2 cl Wermut dry, 1 cl Apricot Brandy, 1 Spritzer Angosturabitter.

SONSTIGES: Rührglas, Barsieb, Barlöffel, Messbecher, Cocktailschale, Eiswürfel.

ZUBEREITUNG: Das Rührglas zur Hälfte mit Eiswürfeln füllen. Wermut, Wodka, Apricot Brandy einmessen und mit einem Spritzer Angosturabitter vollenden. Mit dem Barlöffel gut verrühren und in die Cocktailschale abseihen.

DAMSEL'S DOOM

REZEPTUR: 4 cl Wodka, 2 cl Curacao Triple sec, 2 cl Zitronensaft, 3 cl Orangensaft.

SONSTIGES: Shaker, Barlöffel, Messbecher, Longdrinkglas, Eiswürfel, Ananasscheibe, Cocktailkirsche, Cocktailstick.

ZUBEREITUNG: Eiswürfel in den Shaker geben. Die Zutaten einmessen, kräftig schütteln und in das Longdrinkglas abseihen. Die Cocktailkirsche mit dem Stick auf die Ananasscheibe geben und am Glasrand aufsetzen.

DR. SCHIWAGO COCKTAIL

REZEPTUR: 2 cl Wodka, 1 cl Cointreau, 2 cl Ananassaft, 1 cl Zitronensaft.

SONSTIGES: Shaker, Barlöffel, Messglas, Cocktailglas, Eiswürfel, Zitronenspalte.

ZUBEREITUNG: Eiswürfel in den Shaker geben und die Zutaten einmessen. Kräftig schütteln und in das Cocktailglas abseihen. Die Zitronenspalte am Glasrand dekorieren.

EASTERN RELATION

REZEPTUR: 2 cl Wodka, 2 cl Wermut dry, 2 cl Wermut rosso.

SONSTIGES: Rührglas, Barsieb, Barlöffel, Messbecher, Cocktailglas, Orangenscheibe.

ZUBEREITUNG: Eiswürfel in das Rührglas geben. Die Zutaten einmessen und gut verrühren. In das Cocktailglas abseihen und mit der Orangenscheibe garnieren.

FANCY RUSSIAN

REZEPTUR: 2 cl Wodka, 2 cl Apricot Brandy, 2 cl Wermut dry, 1 Spritzer Angosturabitter.

SONSTIGES: Rührglas, Barsieb, Barlöffel, Messbecher, Cocktailschale, Eiswürfel, Zitronenscheibe, 1 Olive, 1 Cocktailstick.

ZUBEREITUNG: Eiswürfel in das Rührglas geben. Die Zutaten mit dem Messbecher einmessen und gut verrühren. In die Cocktailschale abseihen. Die Zitrone und die Olive auf den Cocktailstick stecken und über das Glas legen.

FASHION GOLD

REZEPTUR: 4 cl Wodka, 2 cl Galliano, 2 cl Honig, 6 cl Mangosaft.

SONSTIGES: Aufsatzmixer, Barlöffel, Messbecher, Longdrinkglas, zerstoßenes Eis, Ananasspalte.

ZUBEREITUNG: Zerstoßenes Eis in den Mixer geben und die Zutaten einmessen. Bei Höchstgeschwindigkeit mixen und mit dem Eis in das Longdrinkglas geben. Mit der Ananasspalte dekorieren.

FINNLANDIA

REZEPTUR: 4 cl Wodka, 3 cl Zitronensaft, 2 cl Limettensirup, 1 cl Curacao blue, 10 cl Bitter Lemon.

SONSTIGES: Shaker, Barlöffel, Messbecher, Fantasieglas, Eiswürfel, Kumquatrose, Cocktailkirsche auf Stick, Trinkhalm.

ZUBEREITUNG: Eiswürfel in den Shaker geben. Wodka, Zitronensaft, Limettensirup einmessen und kräftig schütteln. Mit dem Eis in das Fantasieglas geben, mit Bitter Lemon auffüllen und den Curacao blue darüber gießen. Kumquatrose mit Cocktailkirsche auf dem Glasrand aufsetzen.

FIREBALL

REZEPTUR: 2 cl Wodka, 1 cl Grenadinesirup, 3 cl Bananenlikör.

SONSTIGES: Shaker, Messbecher, niedriger Tumbler, Eiswürfel.

ZUBEREITUNG: Shaker zu 1/3 mit Eiswürfel füllen und die Zutaten einmessen. Kräftig schütteln und in den Tumbler abseihen.

FROM RUSSIA WITH LOVE

REZEPTUR: 4 cl Wodka, 2 cl Bananenlikör, 1 cl Grenadinesirup, 1 cl Zitronensaft.

SONSTIGES: Shaker, Barlöffel, Messglas, Old-Fashioned-Glas, Zitronenspalte, Cocktailkirsche auf Stick, 2 kurze Trinkhalme.

ZUBEREITUNG: Eiswürfel in den Shaker geben und die Zutaten einmessen. Kräftig schütteln und in das mit einigen Eiswürfeln gefüllte Old-Fashioned-Glas abseihen. Die Zitronenspalte am Glasrand aufsetzen und die Cocktailkirsche dazustecken. Die Trinkhalme in das Glas geben.

GIPSY

REZEPTUR: 4 cl Wodka, 2 cl Bénédictine.

SONSTIGES: Shaker, Messbecher, Cocktailschale, Eiswürfel.

ZUBEREITUNG: Eiswürfel in den Shaker geben und die Zutaten einmessen. Kräftig schütteln und in die Cocktailschale abseihen.

GODMOTHER

REZEPTUR: 4 cl Wodka, 2 cl Amaretto.

SONSTIGES: Barlöffel, Messbecher, niedriger Tumbler, Eiswürfel.

ZUBEREITUNG: Das Glas zu 2/3 mit Eis anfüllen. Die Zutaten einmessen und mit dem Barlöffel kräftig vermischen.

MESON
W STREET
UBLIN 7

IRISH MORNING

REZEPTUR: 4 cl Irish Whiskey, 2 cl Curacao blue, 6 cl Maracujasaft, 1/2 Eiweiß, 1 Spritzer Zitronensaft, 1 Spritzer Angosturabitter.

SONSTIGES: Shaker, Barlöffel, Messglas, Old-Fashioned-Glas, Eiswürfel, Orangenscheibe, Cocktailkirsche auf Stick.

ZUBEREITUNG: Eiswürfel in den Shaker geben und die Zutaten einmessen. Kräftig schütteln und in das mit einigen Eiswürfeln gefüllte Old-Fashioned-Glas abseihen. Die Orangenscheibe am Glasrand dekorieren und die Cocktailkirsche dazustecken.

WHISKEY SOUR

REZEPTUR: 4 cl Bourbon Whiskey, 2 cl Zitronensaft, 1 Barlöffel Zuckersirup, Sodawasser.

SONSTIGES: Shaker, Barlöffel, Messglas, Weißwein- oder Old-Fashioned-Glas, Eiswürfel, Orangen-, Zitronenspalte, 2–3 Cocktailkirschen, Cocktailspieß.

ZUBEREITUNG: Shaker zu 1/3 mit Eiswürfel füllen und die Zutaten außer dem Sodawasser einmessen. Kräftig schütteln, in das Glas abseihen und mit einem Schuss Sodawasser vollenden. Orangen-und Zitronenspalte sowie die Cocktailkirschen auf den Spieß stecken und in das Glas hängen.

GREEN BAY

REZEPTUR: 4 cl Wodka, 2 cl Mangosirup, 2 cl Maracujasirup, 6 cl Ananassaft.

SONSTIGES: Shaker, Barlöffel, Messbecher, Longdrinkglas, Eiswürfel, Mangospalte.

ZUBEREITUNG: Eiswürfel in den Shaker geben. Die Zutaten einmessen und kräftig schütteln. Mit den Eiswürfeln in das Longdrinkglas geben und mit der Mangospalte dekorieren.

GREEN DRAGON

REZEPTUR: 4 cl Wodka, 2 cl Crème de Menthe grün.

SONSTIGES: Shaker, Barlöffel, Messbecher, Cocktailglas.

ZUBEREITUNG: Eiswürfel in den Shaker geben. Die Zutaten mit dem Messbecher einmessen und kurz, aber kräftig schütteln. In das Cocktailglas abseihen.

GREEN HOPE

REZEPTUR: 4 cl Wodka, 1 cl Crème de Menthe grün, 1 cl Bananenlikör, 1 cl Zitronensaft.

SONSTIGES: Shaker, Barlöffel, Messglas, Cocktailschale, Eiswürfel, Bananenscheibe.

ZUBEREITUNG: Eiswürfel in den Shaker geben und die Zutaten einmessen. Kräftig schütteln, in die Cocktailschale abseihen und die Bananenscheibe am Glasrand aufsetzen.

GREYHOUND

REZEPTUR: 4 cl Wodka, 2 cl Orangensaft, 8 cl Grapefruitsaft.

SONSTIGES: Barlöffel, Messbecher, Longdrinkglas, Eiswürfel, Stirer.

ZUBEREITUNG: Das Longdrinkglas zu $^{3}/_{4}$ mit Eiswürfel füllen. Wodka, Orangen- und Grapefruitsaft direkt in das Glas einmessen und umrühren. Den Stirer dazugeben.

HARVEY'S WALLBANGER

REZEPTUR: 4 cl Wodka, 1 cl Galliano, $^{1}/_{8}$ l Orangensaft, 1 Barlöffel Zuckersirup.

SONSTIGES: Shaker, Barlöffel, Messbecher, hohes Longdrinkglas, Eiswürfel, Orangenscheibe, Cocktailkirsche, Cocktailstick.

ZUBEREITUNG: Eiswürfel in den Shaker geben. Die Zutaten einmessen und kräftig schütteln. In das Longdrinkglas abseihen, Die Cocktailkirsche mit der Orangenscheibe am Glasrand aufsetzen.

HAWAIIANER

REZEPTUR: 3 cl Wodka, 2 cl Curacao blue, 1 cl Crème de Cacao weiß, 2 Spritzer Zitronensaft, Bitter Lemon.

SONSTIGES: Shaker, Barlöffel, Messbecher, Longdrinkglas, Eiswürfel, Ananaskeil, Cocktailkirsche auf Stick, Trinkhalm.

ZUBEREITUNG: Eis in den Shaker geben. Die Zutaten außer Bitter Lemon einmessen und gut schütteln. In das Longdrinkglas abseihen, mit Bitter Lemon auffüllen. Ananaskeil und Cocktailkirsche am Glasrand dekorieren.

JOE COLLINS

REZEPTUR: 4 cl Wodka, 3 cl Zitronensaft, 2 cl Zuckersirup, 1 Spritzer Angosturabitter, Sodawasser.

SONSTIGES: Barlöffel, Messbecher, Longdrinkglas, Eiswürfel, Zitronenscheibe, 2 Cocktailkirschen, Trinkhalm, Stirer.

ZUBEREITUNG: Das Glas zu $^3/_4$ mit Eiswürfel füllen. Wodka, Zitronensaft und Zuckersirup einmessen. Anschließend Angosturabitter darauf spritzen und mit Sodawasser auffüllen. Zitronenscheibe am Glasrand aufstecken und die Cocktailkirschen, Trinkhalm und Stirer in das Glas geben.

JUMP IN

REZEPTUR: 4 cl Wodka, 2 cl Curacao blue, 2 cl Obers/Sahne, 10 cl Ananassaft, 2 cl Coconut Cream.

SONSTIGES: Aufsatzmixer, Barlöffel, Messbecher, Fantasieglas, zerstoßenes Eis, 1 Scheibe Karambole, 1 Erdbeere, 1 Ananaskeil, Trinkhalm.

ZUBEREITUNG: Zerstoßenes Eis in den Mixer geben. Die Zutaten einmessen und mit mittlerer Geschwindigkeit so lange mixen, bis sich Schaum bildet. Den Drink mit dem Eis in das Glas geben und die Früchte am Glasrand aufsetzen. Trinkhalm dazugeben.

KAMIKAZE

REZEPTUR: 4 cl Wodka, 2 cl Curacao Triple sec, 1 cl Lime Juice oder Zitronensaft.

SONSTIGES: Shaker, Barlöffel, Messbecher, Cocktailschale, Eiswürfel.

ZUBEREITUNG: Den Shaker zu $^1/_3$ mit Eiswürfel füllen. Die Zutaten einmessen und kräftig schütteln. In die Cocktailschale abseihen.

LONG ISLAND

REZEPTUR: 2 cl Wodka, 1 cl Rum weiß, 1 cl Bourbon Whiskey, 2 cl Zitronensaft, Cola.

SONSTIGES: Shaker, Barlöffel, Messglas, Longdrinkglas, Eiswürfel, gestoßenes Eis, Trinkhalm.

ZUBEREITUNG: Eiswürfel in den Shaker geben und die Zutaten außer der Cola einmessen. Kräftig schütteln, in das zu $^3/_4$ mit gestoßenem Eis gefüllte Longdrinkglas abseihen und mit Cola auffüllen. Den Trinkhalm in das Glas geben.

LONG ISLAND ICED TEA

REZEPTUR: 3 cl dunkler Rum, 3 cl Wodka, 3 cl Gin, 3 cl Tequila, 3 cl Curacao Triple sec, 1 cl Lime Juice, Coca Cola.

SONSTIGES: Shaker, Barlöffel, Messbecher, Longdrinkglas, Eiswürfel, Zitronenspalte, Trinkhalm.

ZUBEREITUNG: Shaker zu $^1/_3$ mit Eiswürfel füllen. Die Zutaten außer Coca Cola einmessen und kräftig schütteln. In das mit 3 Eiswürfeln gefüllte Longdrinkglas abseihen, mit Coca Cola auffüllen und mit der Zitronenspalte dekorieren. Trinkhalm dazugeben.

LONG NIGHTS

REZEPTUR: 4 cl Wodka, 2 cl Crème de Bananes, 1 cl Grenadinesirup, 4 cl Orangensaft, Tonicwater.

SONSTIGES: Shaker, Barlöffel, Messbecher, Longdrinkglas, Eiswürfel, 1 Orangenscheibe, Cocktailkirsche mit Stiel, Trinkhalm.

ZUBEREITUNG: Eiswürfel in den Shaker geben. Die Zutaten außer Tonicwater einmessen und kräftig schütteln. Einige Eiswürfel in das Longdrinkglas geben, den Drink abseihen und mit Tonic auffüllen. Die Orangenscheibe und die Cocktailkirsche an den Glasrand hängen und den Trinkhalm dazugeben.

MARTINI PERFECT

REZEPTUR: 4 cl Wodka, 1 cl Wermut bianco, 1 cl Wermut dry.

SONSTIGES: Rührglas, Barsieb, Barlöffel, Messbecher, Cocktailglas, Eiswürfel.

ZUBEREITUNG: Eiswürfel in das Rührglas geben. Die Zutaten mit dem Messbecher einmessen und gut verrühren. In das Cocktailglas abseihen.

MON CHER

REZEPTUR: 2 cl Wodka, 2 cl Apricot Brandy, 1 cl Campari, 1 cl Mandarinensirup, 3 cl Ananassaft.

SONSTIGES: Shaker, Barlöffel, Messbecher, Cocktailschale, Eiswürfel.

ZUBEREITUNG: Eiswürfel in den Shaker geben. Die Zutaten einmessen und kräftig schütteln. In die Cocktailschale abseihen.

MOSKOW MULE

REZEPTUR: 4 cl Wodka, 1 cl Zitronensaft, Ginger Ale.

SONSTIGES: Barlöffel, Messbecher, Longdrinkglas, Eiswürfel.

ZUBEREITUNG: Das Glas zur Hälfte mit Eiswürfel anfüllen. Wodka und Zitronensaft dazugeben, mit Ginger Ale auffüllen und leicht umrühren.

MUD SLIDE

REZEPTUR: 4 cl Wodka, 2 cl Kaffeelikör, 3 cl Coconut Cream.

SONSTIGES: Aufsatzmixer, Barlöffel, Messbecher, Old-Fashioned-Glas, zerstoßenens Eis.

ZUBEREITUNG: Zerstoßenes Eis in den Mixer geben. Die Zutaten einmessen und bei Höchstgeschwindigkeit mixen. Mit dem Eis in das Glas geben.

NIGHT KILLER

REZEPTUR: 4 cl Wodka, 4 cl Orangensaft, 2 cl Zitronensaft, Bitter Lemon.

SONSTIGES: Shaker, Barlöffel, Messglas, Longdrinkglas, Eiswürfel, zerstoßenes Eis, Orangenspalte, Trinkhalm.

ZUBEREITUNG: Eiswürfel in den Shaker geben und die Zutaten einmessen. Kräftig schütteln und in das zu $^3/_4$ mit zerstoßenem Eis gefüllte Longdrinkglas abseihen. Die Orangenspalte am Glasrand dekorieren und den Trinkhalm dazugeben.

NIGHTWATCH

REZEPTUR: 4 cl Wodka, 2 cl Grapefruitsaft, 2 cl Zitronensaft, 1 cl Grenadinesirup.

SONSTIGES: Shaker, Barlöffel, Messglas, Cocktailschale, Eiswürfel, Erdbeere.

ZUBEREITUNG: Eiswürfel in den Shaker geben und die Zutaten einmessen. Kräftig schütteln und in das Cocktailglas abseihen. Die Erdbeere am Glasrand dekorieren.

ORGASM

REZEPTUR: 4 cl Wodka, 1 cl Crème de Cacao, 1 cl Amaretto, 1 cl Triple sec, 2 cl Obers/Sahne.

SONSTIGES: Shaker, Barlöffel, Messbecher, Sektschale, Eiswürfel.

ZUBEREITUNG: Eiswürfel in den Shaker geben. Die Zutaten einmessen und kurz, aber kräftig schütteln. In die Sektschale abseihen.

PEARL HARBOUR

REZEPTUR: 3 cl Wodka, 4 cl Melonenlikör, 5 cl Orangensaft, 5 cl Ananassaft.

SONSTIGES: Shaker, Messbecher, Longdrinkglas, Eiswürfel, Limetten- oder Zitronenspalte, Trinkhalm.

ZUBEREITUNG: Eiswürfel in den Shaker geben. Die Zutaten einmessen und kräftig schütteln. Mit den Eiswürfeln in das Longdrinkglas geben. Die Zitronenspalte am Glasrand aufsetzen und den Trinkhalm dazugeben.

PETRIFIER

REZEPTUR: 2 cl Wodka, 2 cl Weinbrand, 2 cl weißer Rum, 1 cl Grand Marnier, 1 cl Curacao Triple sec, 1 cl Calvados, 1 Spritzer Angosturabitter, Ginger Ale oder andere Limonade.

SONSTIGES: Shaker, Barlöffel, Messbecher, Longdrinkglas, Eiswürfel, Apfelspalte, Trinkhalm.

ZUBEREITUNG: Eiswürfel in den Shaker geben. Die Zutaten außer Ginger Ale einmessen und kräftig schütteln. In das Longdrinkglas abseihen, mit Ginger Ale auffüllen und mit der Apfelspalte am Glasrand dekorieren.

QUASIMODO

REZEPTUR: 4 cl Wodka, 2 cl Zitronensaft, 2 cl Zuckersirup.

SONSTIGES: Shaker, Barlöffel, Messbecher, Longdrinkglas, Zitronenscheibe.

ZUBEREITUNG: Eiswürfel in den Shaker geben. Die Zutaten einmessen und kräftig schütteln. In das Longdrinkglas abseihen und die Zitronenscheibe am Glasrand aufsetzen.

RED RUSSIAN

REZEPTUR: 4 cl Wodka, 2 cl Cherry Brandy.

SONSTIGES: Barlöffel, Messbecher, Old-Fashioned-Glas, Eiswürfel.

ZUBEREITUNG: Eiswürfel in das Old-Fashioned-Glas geben. Die Zutaten einmessen und gut verrühren.

RIMINI

REZEPTUR: 4 cl Wodka, 1 cl Galliano, 1 cl Amaretto.

SONSTIGES: Shaker, Barlöffel, Messbecher, Cocktailglas, Eiswürfel.

ZUBEREITUNG: Eiswürfel in den Shaker geben. Die Zutaten einmessen und kräftig schütteln. In das Cocktailglas abseihen.

ROBERTA

REZEPTUR: 2 cl Wodka, 2 cl Wermut dry, 2 cl Cherry Heering, 2 Tropfen Campari, 1 Barlöffel Bananenlikör.

SONSTIGES: Shaker, Barlöffel, Messbecher, Cocktailglas, Eiswürfel, Orangenscheibe.

ZUBEREITUNG: Eiswürfel in den Shaker geben. Die Zutaten einmessen und kräftig schütteln. In das Cocktailglas abseihen und mit der Orangenscheibe dekorieren.

ROYAL BANGAL

REZEPTUR: 4 cl Wodka, 4 cl Orangensaft, 2 cl Zitronensaft, 2 cl Zuckersirup.

SONSTIGES: Shaker, Barlöffel, Messbecher, Longdrinkglas, Eiswürfel, Cocktailkirsche, Orangenscheibe, Cocktailstick, Trinkhalm.

ZUBEREITUNG: Eiswürfel in den Shaker geben. Die Zutaten einmessen und kräftig schütteln. In das Longdrinkglas abseihen, mit der Orangenscheibe und der Cocktailkirsche dekorieren und den Trinkhalm dazugeben.

RUSSIA HOUSE

REZEPTUR: 3 cl Wodka, 3 cl Campari, 2 Spritzer Angosturabitter.

SONSTIGES: Shaker, Barlöffel, Messbecher, Cocktailschale.

ZUBEREITUNG: Eiswürfel in den Shaker geben. Die Zutaten einmessen und kräftig schütteln. In die Cocktailschale abseihen.

RUSSIAN MEMORY

REZEPTUR: 4 cl Wodka, 1 cl Amaretto, 1 cl Wermut trocken, 1 Spritzer Grenadinesirup, Bitter Grapefruit.

SONSTIGES: Shaker, Barlöffel, Messglas, Longdrinkglas, Eiswürfel, Orangenscheibe, Zitronenscheibe, Minzenzweig, Cocktailkirsche auf Stick, Trinkhalm.

ZUBEREITUNG: Eiswürfel in den Shaker geben und die Zutaten außer Bitter Grapefruit einmessen. Kräftig schütteln, in das Longdrinkglas abseihen und mit Bitter Grapefruit auffüllen. Orangen-, Zitronenscheibe und Minzenzweig am Glasrand dekorieren und die Cocktailkirsche zur Orangenscheibe stecken. Den Trinkhalm in das Glas geben.

RUSSIAN SLING

REZEPTUR: 4 cl Wodka, 2 cl Cherry Heering, 2 cl Grand Marnier, 1 Barlöffel, Zitronensaft, kaltes Wasser.

SONSTIGES: Barlöffel, Messglas, großes Longdrinkglas, Eiswürfel, Zitronenscheibe, Cocktailkirsche, Trinkhalm.

ZUBEREITUNG: Das Longdrinkglas zu $^{2}/_{3}$ mit Eiswürfel füllen und die Ingredienzen außer dem Wasser einmessen. Mit dem Barlöffel gut verrühren und zum Schluss mit kaltem Wasser auffüllen. Die Zitronenscheibe am Glasrand dekorieren, Cocktailkirsche und Trinkhalm in das Glas geben.

RUSSIAN SUNRISE

REZEPTUR: 4 cl Wodka, 2 cl Curacao Triple sec, 2 cl Zitronensaft, 8 cl Orangensaft, 1 cl Grenadinesirup.

SONSTIGES: Barlöffel, Messbecher, großes Longdrinkglas, Eiswürfel, Orangenscheibe, Trinkhalm.

ZUBEREITUNG: Das Glas zu $^{2}/_{3}$ mit Eiswürfel füllen. Wodka, Triple sec und die Säfte darauf gießen und mit dem Barlöffel umrühren. Den Grenadinesirup über den Barlöffelrücken vorsichtig in das Glas geben. Mit der Orangenscheibe dekorieren und den Trinkhalm dazugeben.

SAN JUAN

REZEPTUR: 4 cl Wodka, 2 cl Curacao blue, 4 cl Ananassaft, trockener Weißwein.

SONSTIGES: Shaker, Barlöffel, Messglas, Sektschale, Eiswürfel, Ananaskeil.

ZUBEREITUNG: Eiswürfel in den Shaker geben und die Zutaten außer dem Weißwein einmessen. Kräftig schütteln und in die Sektschale abseihen. Mit Weißwein auffüllen und den Ananaskeil am Glasrand dekorieren.

SCREWDRIVER

REZEPTUR: 4 cl Wodka, 12 cl Orangensaft.

SONSTIGES: Barlöffel, Messbecher, Longdrinkglas, Eiswürfel.

ZUBEREITUNG: Das Glas zu $^3/_4$ mit Eiswürfel füllen, die Zutaten darüber gießen und leicht umrühren.

SEX ON THE BEACH

REZEPTUR: 3 cl Wodka, 1 cl Pfirsichschnaps, 3 cl Orangensaft, 2 cl Preiselbeersaft.

SONSTIGES: Shaker, Barlöffel, Messbecher, Cocktailschale, Eiswürfel, Pfirsichspalte.

ZUBEREITUNG: Eiswürfel in den Shaker geben. Die Zutaten einmessen und kräftig schütteln. In die Cocktailschale abseihen und mit der Pfirsichspalte dekorieren.

SNOWBALL

REZEPTUR: 3 cl Wodka, 3 cl Eierlikör, $^1/_8$ l Zitronenlimonade.

SONSTIGES: Barlöffel, Messbecher, Longdrinkglas, Eiswürfel, Zitronenscheibe, Trinkhalm, Stirer.

ZUBEREITUNG: Das Longdrinkglas zu $^2/_3$ mit Eiswürfel füllen. Wodka und Eierlikör direkt in das Glas einmessen und mit Limonade auffüllen. Die Zitronenscheibe auf dem Glasrand aufsetzen und Trinkhalm und Stirer dazugeben.

STARFIGHTER

REZEPTUR: 4 cl Wodka, 1 cl Limettensirup, 1 cl Zitronensaft.

SONSTIGES: Shaker, Barlöffel, Messbecher, Cocktailschale, Eiswürfel.

ZUBEREITUNG: Eiswürfel in den Shaker geben. Die Zutaten einmessen und kräftig schütteln. In die Cocktailschale abseihen.

SURPRISE

REZEPTUR: 2 cl Wodka, 2 cl Wermut dry, 2 cl Cherry Brandy, 6 cl Ananassaft.

SONSTIGES: Shaker, Barlöffel, Messbecher, Old-Fashioned-Glas, Eiswürfel, Ananaskeil, Cocktailkirsche, Cocktailstick, kurzer Trinkhalm.

ZUBEREITUNG: Eiswürfel in den Shaker geben. Die Zutaten einmessen und kräftig schütteln. Einige Eiswürfel in das Old-Fashioned-Glas geben und den Drink abseihen. Ananaskeil und Cocktailkirsche am Glasrand aufstecken und den Trinkhalm dazugeben.

SWEET RUSSIAN

REZEPTUR: 3 cl Wodka, 3 cl Pfirsichlikör, 2 cl Zitronensaft, 4 cl Maracujasaft.

SONSTIGES: Shaker, Barlöffel, Messbecher, Sektschale, Eiswürfel, Pfirsichspalte.

ZUBEREITUNG: Eiswürfel in den Shaker geben. Die Zutaten mit dem Messbecher einmessen und kräftig schütteln. In die Sektschale abseihen und die Pfirsichspalte am Glasrand aufsetzen.

THE MANAGER'S NIGHT OUT

REZEPTUR: 4 cl Wodka, 2 cl Zitronensaft, 1 cl Grenadinesirup, 1 Spritzer Wermut rosso, Tonicwater.

SONSTIGES: Shaker, Barlöffel, Messbecher, Cocktailschale mit rotem Zuckerrand, Eiswürfel.

ZUBEREITUNG: Eiswürfel in den Shaker geben. Die Zutaten einmessen und kräftig schütteln. In die Cocktailschale abseihen.

TURBO DIESEL

REZEPTUR: 3 cl Wodka, 2 cl Coconut Cream, 1 cl Bananenlikör, 1 cl Obers/Sahne.

SONSTIGES: Elektrischer Mixer, Barlöffel, Messbecher, Sektschale, zerstoßenes Eis, Bananenscheibe.

ZUBEREITUNG: Zerstoßenes Eis in den Mixer geben und die Zutaten einmessen. Bei mittlerer Geschwindigkeit mixen und mit dem Eis in die Sektschale geben. Die Bananenscheibe am Glasrand aufsetzen.

WAKE UP

REZEPTUR: 3 cl Wodka, 2 cl Crème de Cacao weiß, 1 cl Zitronensaft.

SONSTIGES: Shaker, Barlöffel, Messbecher, Cocktailglas.

ZUBEREITUNG: Eiswürfel in den Shaker geben. Die Zutaten einmessen und kurz schütteln. In das Cocktailglas abseihen.

WHITE CLOUD

REZEPTUR: 2 cl Wodka, 2 cl Crème de Cacao weiß, 2 cl Obers/Sahne, 3 cl Ananassaft.

SONSTIGES: Shaker, Barlöffel, Messbecher, Cocktailschale, Eiswürfel, Ananaskeil.

ZUBEREITUNG: Eiswürfel in den Shaker geben. Die Zutaten einmessen und kurz, aber kräftig schütteln. In die Cocktailschale abseihen und mit dem Ananaskeil am Glasrand dekorieren.

WHITE RUSSIAN

REZEPTUR: 4 cl Wodka, 2 cl Kaffeelikör, 3 cl dickflüssig geschlagenes Obers/Sahne.

SONSTIGES: Rührglas, Barsieb, Barlöffel, Messbecher, Old-Fashioned-Glas.

ZUBEREITUNG: Eiswürfel in das Rührglas geben. Wodka und Kaffeelikör einmessen und gut verrühren. In das Old-Fashioned-Glas abseihen und eine Obers-/Sahnehaube aufsetzen.

WHITE SPIDER

REZEPTUR: 4 cl Wodka, 2 cl Crème de Menthe weiß.

SONSTIGES: Shaker, Barlöffel, Messbecher, Cocktailglas.

ZUBEREITUNG: Eiswürfel in den Shaker geben. Die Zutaten einmessen und kurz, aber kräftig schütteln. In das Cocktailglas abseihen.

WINDJAMMER

REZEPTUR: 4 cl Wodka, 2 cl Curacao Triple sec, 2 cl Zitronensaft.

SONSTIGES: Shaker, Barlöffel, Messbecher, Old-Fashioned-Glas, Eiswürfel, Cocktailkirsche, Cocktailstick.

ZUBEREITUNG: Eiswürfel in den Shaker geben. Die Zutaten einmessen und kräftig schütteln. In das Old-Fashioned-Glas abseihen und mit der Cocktailkirsche dekorieren.

WODKA FIZZ

REZEPTUR: 4 cl Wodka, 2 cl Zitronensaft, 2 cl Zuckersirup, Sodawasser.

SONSTIGES: Shaker, Barlöffel, Messbecher, Fizzglas, Eiswürfel, Trinkhalm.

ZUBEREITUNG: Eiswürfel in den Shaker geben. Die Zutaten außer dem Sodawasser einmessen und kräftig schütteln. In das Fizzglas abseihen, mit Sodawasser auffüllen und den Trinkhalm dazugeben.

WODKA GIBSON

REZEPTUR: 4 cl Wodka, 2 cl Wermut dry.

SONSTIGES: Rührglas, Barsieb, Barlöffel, Messbecher, Cocktailglas, Eiswürfel, Perlzwiebel.

ZUBEREITUNG: Eiswürfel in das Rührglas geben. Die Zutaten einmessen und gut verrühren. In das Cocktailglas abseihen und die Perlzwiebel dazugeben.

WODKA MARTINI

REZEPTUR: 4 cl Wodka, 2 cl Wermut dry.

SONSTIGES: Rührglas, Barsieb, Barlöffel, Messbecher, Cocktailglas, Eiswürfel, Olive, Cocktailstick.

ZUBEREITUNG: Eiswürfel in das Rührglas geben. Die Zutaten mit dem Messbecher einmessen und gut verrühren. In das Cocktailglas abseihen und mit der Olive garnieren.

WODKA SIDE CAR

REZEPTUR: 2 cl Wodka, 2 cl Cointreau, 2 cl Zitronensaft.

SONSTIGES: Shaker, Barlöffel, Messbecher, Cocktailschale, Eiswürfel.

ZUBEREITUNG: Eiswürfel in den Shaker geben. Die Zutaten einmessen und kräftig schütteln. In die Cocktailschale abseihen.

WODKA STINGER

REZEPTUR: 4 cl Wodka, 2 cl Crème de Menthe grün.

SONSTIGES: Barlöffel, Messbecher, niedriger Tumbler, Eiswürfel.

ZUBEREITUNG: Eiswürfel in das Glas geben, die Zutaten einmessen und kräftig verrühren.

WOLGASCHIFFER

REZEPTUR: 3 cl Wodka, 2 cl Apricot Brandy, 4 cl Orangensaft, Bitter Orange.

SONSTIGES: Shaker, Barlöffel, Messbecher, Longdrinkglas, Eiswürfel, Orangenspalte, Trinkhalm, Stirer.

ZUBEREITUNG: Eiswürfel in den Shaker geben. Die Zutaten außer Bitter Orange einmessen und kräftig schütteln. In das Longdrinkglas abseihen und die Bitter Orange Limonade dazugeben.Mit der Orangenspalte dekorieren, Trinkhalm und Stirer beifügen.

YELLOW FEVER

REZEPTUR: 4 cl Wodka, 1 cl Galliano, 6 cl Ananassaft, 2 cl Zitronensaft.

SONSTIGES: Shaker, Barlöffel, Messbecher, Longdrinkglas, Eiswürfel, Ananasspalte, Trinkhalm.

ZUBEREITUNG: Eiswürfel in den Shaker geben. Die Zutaten einmessen und kräftig schütteln. In das Longdrinkglas abseihen, mit der Ananasspalte dekorieren und den Trinkhalm dazugeben.

WHISKY-, WHISKEY-BASIS

AMBERJACK

REZEPTUR: 4 cl Bourbon Whiskey, 2 cl Amaretto.

SONSTIGES: Shaker, Barlöffel, Cocktailglas, Eiswürfel.

ZUBEREITUNG: Eiswürfel in den Shaker geben und die Zutaten einmessen. Kräftig schütteln und in das Cocktailglas abseihen.

AMERICAN BEAUTY

REZEPTUR: 4 cl Bourbon Whiskey, 1 cl Wermut rosso, 1 cl weiße Crème de Menthe, 2 cl Orangensaft.

SONSTIGES: Shaker, Barlöffel, Messglas, Old-Fashioned-Glas, Eiswürfel, Orangenscheibe.

ZUBEREITUNG: Eiswürfel in den Shaker geben. Die Zutaten einmessen und kräftig schütteln. In das mit einigen Eiswürfeln gefüllte Old-Fashioned-Glas abseihen und mit der Orangenscheibe dekorieren.

ANISETTE COCKTAIL

REZEPTUR: 2 cl Canadian Whisky, 2 cl Anisette Likör, 2 cl Wermut rot.

SONSTIGES: Shaker, Barlöffel, Messglas, Cocktailglas, Eiswürfel, Orangenscheibe.

ZUBEREITUNG: Eiswürfel in den Shaker geben und die Zutaten einmessen. Kräftig schütteln, in das Cocktailglas abseihen und die Orangenscheibe am Glasrand dekorieren.

BALTIMORE

REZEPTUR: 4 cl Bourbon Whiskey, 2 cl Curacao blue, 6 cl Ananassaft, 1 cl Zitronensaft, 1 Spritzer Angostura.

SONSTIGES: Shaker, Barlöffel, Messglas, Old-Fashioned-Glas, Eiswürfel, Ananaskeil, Cocktailkirsche auf Stick.

ZUBEREITUNG: Eiswürfel in den Shaker geben und die Zutaten einmessen. In das mit einigen Eiswürfeln gefüllte Old-Fashioned-Glas abseihen, den Ananaskeil an den Glasrand hängen und den Cocktailspieß daranstecken.

BLUE ISLAND

REZEPTUR: 4 cl Bourbon Whiskey, 2 cl Curacao blue, 2 cl Obers/Sahne.

SONSTIGES: Shaker, Barlöffel, Messglas, Sektschale, Eiswürfel.

ZUBEREITUNG: Eiswürfel in den Shaker geben und die Zutaten einmessen. Kurz, aber kräftig schütteln und in die Sektschale abseihen.

BOURBON COUNTY EGG NOG

REZEPTUR: 5 cl Bourbon Whiskey, 2 cl Rum dunkel, 4 cl Obers/Sahne, 1 Ei, 2 Barlöffel Zuckersirup, Milch.

SONSTIGES: Shaker, Barlöffel, Messglas, hoher Tumbler, Eiswürfel, Muskatnuss, Trinkhalm.

ZUBEREITUNG: Shaker zu $^1/_3$ mit Eiswürfel füllen. Whiskey, Rum, Obers/Sahne, Ei und Zuckersirup einmessen. Kurz, aber kräftig schütteln und in den hohen Tumbler abseihen. Mit Milch auffüllen, mit etwas Muskatnuss bestreuen und den Trinkhalm dazugeben.

BROADWAY

REZEPTUR: 2 cl Bourbon Whiskey, 2 cl Wermut trocken, 2 cl Orangensaft, 2 Spritzer Pernod, 1 Spritzer Angosturabitter.

SONSTIGES: Shaker, Barlöffel, Messglas, Cocktailglas, Eiswürfel, Orangenspalte.

ZUBEREITUNG: Eiswürfel in den Shaker geben und die Zutaten einmessen. Kräftig schütteln und in das Cocktailglas abseihen. Die Orangenspalte am Glasrand dekorieren.

BROOKLYN

REZEPTUR: 3 cl Canadian Whisky, 1 cl Wermut rosso, 1 cl Wermut dry, 1 cl Maraschino.

SONSTIGES: Rührglas, Barsieb, Barlöffel, Messbecher, Cocktailglas, Eiswürfel, Cocktailkirsche auf Stick.

ZUBEREITUNG: Eiswürfel in das Rührglas geben. Die Zutaten einmessen und gut verrühren. In das Cocktailglas abseihen und mit der Cocktailkirsche dekorieren.

CAMPANIA

REZEPTUR: 3 cl Bourbon Whiskey, 1 cl Campari, 1 cl Cointreau, 1 Spritzer Angostura.

SONSTIGES: Rührglas, Barsieb, Barlöffel, Messglas, Cocktailglas, Cocktailkirsche auf Stick.

ZUBEREITUNG: Eiswürfel in das Rührglas geben und die Zutaten einmessen. Mit dem Barlöffel kräftig verrühren, in das Cocktailglas abseihen und mit der Cocktailkirsche dekorieren.

CAN CAN

REZEPTUR: 3 cl Canadian Whisky, 2 cl Wermut dry, 1 cl Pernod.

SONSTIGES: Shaker, Barlöffel, Messbecher, Cocktailglas, Eiswürfel.

ZUBEREITUNG: Shaker zu $^1/_3$ mit Eiswürfel füllen und die Zutaten einmessen. Kräftig schütteln und in das Cocktailglas abseihen.

CHANCELLOR

REZEPTUR: 3 cl Scotch Whisky, 2 cl White Port, 1 cl Wermut dry, 1 Spritzer Angostura.

SONSTIGES: Rührglas, Barsieb, Barlöffel, Messglas, Cocktailschale, Eiswürfel.

ZUBEREITUNG: Eiswürfel in das Rührglas geben. Die Zutaten einmessen und mit dem Barlöffel gut verrühren. In die Cocktailschale abseihen.

CHRISTOPHER

REZEPTUR: 4 cl Scotch Whisky, 2 cl Campari, 2 cl Wermut rosso, Sodawasser.

SONSTIGES: Shaker, Barlöffel, Messglas, Longdrinkglas, Eiswürfel, Orangenscheibe, Trinkhalm.

ZUBEREITUNG: Shaker zu $^{1}/_{3}$ mit Eiswürfel füllen. Die Zutaten außer dem Sodawasser einmessen und kräftig schütteln. In das mit einigen Eiswürfeln gefüllte Longdrinkglas abseihen und mit Sodawasser auffüllen. Die Orangenscheibe am Glasrand aufstecken und den Trinkhalm dazugeben.

CHURCHILL

REZEPTUR: 4 cl Scotch Whisky, 1 cl Curacao Triple sec, 1 cl Zitronensaft, 1 cl Wermut rosso.

SONSTIGES: Shaker, Barlöffel, Messglas, Cocktailglas, Eiswürfel, Cocktailkirsche auf Stick.

ZUBEREITUNG: Eiswürfel in das Cocktailglas geben. Die Zutaten einmessen und kräftig schütteln. In das Cocktailglas abseihen und mit der Cocktailkirsche garnieren.

COLONEL COLLINS

REZEPTUR: 4 cl Bourbon Whiskey, 3 cl Zitronensaft, 2 cl Zuckersirup, Sodawasser.

SONSTIGES: Barlöffel, Messglas, Longdrinkglas, Eiswürfel, Zitronenscheibe, Cocktailkirsche, 2 Trinkhalme.

ZUBEREITUNG: Einige Eiswürfel in das Longdrinkglas geben, die Zutaten einmessen und mit Sodawasser auffüllen. Die Zitronenscheibe, die Cocktailkirsche und die Trinkhalme in das Glas geben.

COUP OF NEW YORK

REZEPTUR: 3 cl Bourbon Whiskey, 2 cl Bananenlikör, 4 cl Ananassaft, 3 cl Rotwein.

SONSTIGES: Shaker, Barlöffel, Messglas, Longdrinkglas, Eiswürfel, Ananasviertel, 2 Cocktailkirschen, Zitronenscheibe, Trinkhalm.

ZUBEREITUNG: Eiswürfel in den Shaker geben und die Zutaten einmessen. Kräftig schütteln und mit den Eiswürfeln in das Longdrinkglas geben. Ananasviertel und Zitronenscheibe am Glasrand aufsetzen, die Cocktailkirschen und den Trinkhalm in das Glas geben.

DRAMBUIE EGG NOG

REZEPTUR: 4 cl Scotch Whisky, 2 cl Drambuie, 2 Barlöffel Honig, 1 Ei, Milch.

SONSTIGES: Shaker, Barlöffel, Messglas, hoher Tumbler, Eiswürfel, Muskatnuss, Trinkhalm.

ZUBEREITUNG: Shaker zu $^1/_3$ mit Eiswürfel füllen. Whisky, Drambuie, Honig und das Ei in den Shaker geben und kurz, aber kräftig schütteln. In den hohen Tumbler abseihen, mit Muskatnuss bestreuen und den Trinkhalm dazugeben.

DREAMS OF IRELAND

REZEPTUR: 4 cl Irish Whiskey, 1 cl Zitronensaft, 1 Barlöffel Grenadinesirup, Bitter Orange.

SONSTIGES: Shaker, Barlöffel, Messglas, Longdrinkglas, Eiswürfel, Orangenscheibe.

ZUBEREITUNG: Eiswürfel in den Shaker geben und die Zutaten außer dem Bitter Orange einmessen. Kräftig schütteln, in das mit einigen Eiswürfeln gefüllte Longdrinkglas abseihen und mit der Orangenscheibe am Glasrand dekorieren.

FIRST GREEN

REZEPTUR: 4 cl Bourbon Whiskey, 1 cl Curacao Triple sec, 1 cl Zitronensaft, 1 Spritzer Grenadinesirup.

SONSTIGES: Shaker, Barlöffel, Messglas, Cocktailschale, Eiswürfel, Zitronenspalte.

ZUBEREITUNG: Eiswürfel in den Shaker geben. Die Zutaten einmessen, Grenadinesirup dazugeben und kräftig schütteln. In die Cocktailschale abseihen und die Zitronenspalte am Glasrand aufsetzen.

FLYING SCOTSMAN

REZEPTUR: 4 cl Scotch Whisky, 2 cl Zitronensaft, 2 Spritzer Grenadinesirup.

SONSTIGES: Shaker, Barlöffel, Messglas, Cocktailschale, Eiswürfel, Zitronenscheibe.

ZUBEREITUNG: Shaker zu $^1/_3$ mit Eiswürfel füllen. Die Zutaten einmessen und kräftig schütteln. In die Cocktailschale abseihen und die Zitronenscheibe am Glasrand dekorieren.

ALEXANDER COCKTAIL

REZEPTUR: 2 cl Weinbrand, 2 cl Crème de Cacao dunkel, 2 cl Obers/Sahne.

SONSTIGES: Shaker, Barlöffel, Messglas, Cocktailglas, Eiswürfel.

ZUBEREITUNG: Eiswürfel in den Shaker geben. Die Zutaten einmessen und kurz, aber kräftig schütteln. In das Cocktailglas abseihen.

CARIBBEAN DELIGHT

REZEPTUR: 3 cl Weinbrand, 1 cl Orangenlikör, 4 cl Orangensaft, 4 cl Mangosaft, 1 Spritzer Grenadinesirup.

SONSTIGES: Shaker, Barlöffel, Messglas, Longdrinkglas, Eiswürfel, Karambolescheibe, Cocktailkirsche auf Stick.

ZUBEREITUNG: Eiswürfel in den Shaker geben und die Zutaten einmessen. Kräftig schütteln und in das Longdrinkglas abseihen. Die Karambolescheibe am Glasrand aufsetzen und die Cocktailkirsche dazustecken.

GABY

REZEPTUR: 4 cl Bourbon Whiskey, 2 cl Wermut rosso, 1 cl Campari, 1 cl Galliano.

SONSTIGES: Rührglas, Barsieb, Barlöffel, Messglas, Cocktailschale, Eiswürfel, Cocktailkirsche auf Stick.

ZUBEREITUNG: Eiswürfel in das Rührglas geben und die Zutaten einmessen. Mit dem Barlöffel gut umrühren, in die Cocktailschale abseihen und mit der Cocktailkirsche garnieren.

GIRL'S DREAM

REZEPTUR: 4 cl Scotch Whisky, 2 cl Grand Marnier, 2 cl Erdbeersirup, 3 cl Ananassaft, 2 cl Obers/Sahne.

SONSTIGES: Shaker, Barlöffel, Messglas, Sektschale, Eiswürfel, 2 Erdbeeren.

ZUBEREITUNG: Eiswürfel in den Shaker geben. Die Zutaten einmessen und kräftig schütteln. In die Sektschale abseihen und mit den Erbeeren am Glasrand dekorieren.

GLASGOW

REZEPTUR: 2 cl Scotch Whisky, 2 cl Wermut dry, 2 cl Ananassaft.

SONSTIGES: Shaker, Barlöffel, Messglas, Cocktailglas, Eiswürfel, Ananasscheibe.

ZUBEREITUNG: Eiswürfel in den Schaker geben und die Zutaten einmessen. Kräftig schütteln, in das Cocktailglas abseihen und mit der Ananasscheibe garnieren.

GODFATHER

REZEPTUR: 4 cl Scotch Whisky, 2 cl Amaretto.

SONSTIGES: Barlöffel, Messglas, Old-Fashioned-Glas, Eiswürfel.

ZUBEREITUNG: Das Old-Fashioned-Glas zu $^2/_3$ mit Eiswürfel füllen, die Zutaten mit dem Messglas einmessen und mit dem Barlöffel umrühren.

HARBOUR LIGHTS

REZEPTUR: 3 cl Bourbon Whiskey, 2 cl Crème de Menthe, 1 cl Grenadinesirup.

SONSTIGES: Shaker, Barlöffel, Messglas, Old-Fashioned-Glas, Eiswürfel.

ZUBEREITUNG: Eiswürfel in den Shaker geben und die Zutaten außer dem Grenadinesirup einmessen. Kräftig schütteln und in das mit einigen Eiswürfeln gefüllte Old-Fashioned-Glas abseihen. Den Grenadinesirup über den verkehrt gehaltenen Barlöffel vorsichtig dazugeben.

HELP ME

REZEPTUR: 4 cl Canadian Whisky, 2 cl Orangensaft, 1 cl Zitronensaft, 1 Spritzer Grenadinesirup.

SONSTIGES: Shaker, Barlöffel, Messbecher, Cocktailschale, Eiswürfel, Orangenscheibe.

ZUBEREITUNG: Shaker zu $^1/_3$ mit Eiswürfel füllen. Die Zutaten einmessen und kräftig schütteln. In die Cocktailschale abseihen und mit der Orangenscheibe garnieren.

HEY MAN

REZEPTUR: 4 cl Bourbon Whiskey, 2 cl Weinbrand, 2 cl Wodka, 2 cl Zitronensaft, 1 Spritzer Angostura.

SONSTIGES: Shaker, Messglas, Old-Fashioned-Glas, Eiswürfel, Cocktailkirsche, Cocktailstick.

ZUBEREITUNG: Eiswürfel in den Shaker geben. Die Zutaten einmessen und kräftig schütteln.
Einige Eiswürfel in das Old-Fashioned-Glas geben und den Drink abseihen. Mit der Cocktailkirsche dekorieren.

HIGH NOON

REZEPTUR: 3 cl Canadian Whisky, 1 cl Wermut dry, 2 cl Ananassaft.

SONSTIGES: Shaker, Barlöffel, Messbecher, Cocktailschale, Eiswürfel, Ananaskeil.

ZUBEREITUNG: Eiswürfel in den Shaker geben. Die Zutaten einmessen und kräftig schütteln. In die Cocktailschale abseihen und den Ananaskeil auf dem Glasrand aufsetzen.

HIGHLANDER

REZEPTUR: 3 cl Scotch Whisky, 1 cl Wermut dry, 2 cl Orangensaft.

SONSTIGES: Shaker, Barlöffel, Messbecher, Cocktailglas, Eiswürfel.

ZUBEREITUNG: Shaker zu $^1/_3$ mit Eiswürfel füllen und die Zutaten einmessen. Kräftig schütteln und in das Cocktailglas abseihen.

HIGHLANDER II

REZEPTUR: 4 cl Scotch Whisky, 2 cl Drambuie oder Glayva, 2 cl Orangensaft, 1 cl Zitronensaft.

SONSTIGES: Shaker, Barlöffel, Messglas, Cocktailschale, Eiswürfel, Orangenscheibe, Cocktailkirsche auf Stick.

ZUBEREITUNG: Eiswürfel in den Shaker geben. Die Zutaten einmessen und kräftig schütteln. In die Cocktailschale abseihen, Orangenscheibe am Glasrand aufsetzen und die Cocktailkirsche dazustecken.

HORSE'S NECK

REZEPTUR: 4 cl Bourbon Whiskey, 1 Spritzer Angostura, Ginger Ale.

SONSTIGES: Barlöffel, Messglas, Longdrinkglas, Eiswürfel, Zitronenspirale.

ZUBEREITUNG: Einige Eiswürfel in das Longdrinkglas geben und die Zutaten darüber gießen. Mit Ginger Ale auffüllen und die Zitronenspirale an den Glasrand hängen.

IRISH DRIVER

REZEPTUR: 4 cl Irish Whiskey, 2 cl Crème de Cacao weiß, 6 cl Orangensaft.

SONSTIGES: Shaker, Barlöffel, Messglas, Longdrinkglas, Eiswürfel, Trinkhalm.

ZUBEREITUNG: Eiswürfel in den Shaker geben. Die Zutaten einmessen und kurz, aber kräftig schütteln. In das Longdrinkglas abseihen und den Trinkhalm dazugeben.

IRISH AFTERNOON

REZEPTUR: 4 cl Irish Whiskey, 1 cl Crème de Menthe, 2 Kugeln Vanilleeis, Milch.

SONSTIGES: Shaker, Barlöffel, Messglas, Longdrinkglas, Eiswürfel, Trinkhalm.

ZUBEREITUNG: Das Vanilleeis in das Longdrinkglas geben. Den Shaker zu $^1/_3$ mit Eiswürfel füllen, Whisky und Crème de Menthe einmessen. Kurz, aber kräftig schütteln und auf das Eis gießen. Mit Milch auffüllen und den Trinkhalm dazugeben.

IRISH LADY

REZEPTUR: 2 cl Irish Whiskey, 2 cl Wermut dry, 2 cl Crème de Menthe, 1 Spritzer Angostura.

SONSTIGES: Shaker, Barlöffel, Messglas, Cocktailschale, Eiswürfel.

ZUBEREITUNG: Eiswürfel in den Shaker geben. Die Zutaten einmessen und kräftig schütteln. In die Cocktailschale abseihen.

IRISH MORNING

REZEPTUR: 4 cl Irish Whiskey, 2 cl Curacao blue, 6 cl Maracujasaft, $^1/_2$ Eiweiß, 1 Spritzer Zitronensaft, 1 Spritzer Angosturabitter.

SONSTIGES: Shaker, Barlöffel, Messglas, Old-Fashioned-Glas, Eiswürfel, Orangenscheibe, Cocktailkirsche auf Stick.

ZUBEREITUNG: Eiswürfel in den Shaker geben und die Zutaten einmessen. Kräftig schütteln und in das mit einigen Eiswürfeln gefüllte Old-Fashioned-Glas abseihen. Die Orangenscheibe am Glasrand dekorieren und die Cocktailkirsche dazustecken.

IRISH PRAYER

REZEPTUR: 4 cl Irish Whiskey, 2 cl Apricot Brandy, 2 cl Zitronensaft, 1 cl Maracujasirup, Tonic Water.

SONSTIGES: Shaker, Barlöffel, Messglas, Longdrinkglas, Eiswürfel, Zitronenscheibe, Trinkhalm, Stirer.

ZUBEREITUNG: Eiswürfel in den Shaker geben und die Zutaten außer dem Tonic Water einmessen. Kräftig schütteln und in das mit einigen Eiswürfeln gefüllte Longdrinkglas abseihen. Mit Tonic Water auffüllen, die Zitronenscheibe an den Glasrand stecken und den Trinkhalm dazugeben.

IZRAGUA

REZEPTUR: 2 cl Scotch Whisky, 2 cl Amaretto, 2 cl Bananenlikör, 1 cl Wermut dry.

SONSTIGES: Shaker, Barlöffel, Messglas, Cocktailglas, Eiswürfel, Zitronenschale.

ZUBEREITUNG: Eiswürfel in den Shaker geben. Die Zutaten einmessen und kräftig schütteln. In das Cocktailglas abseihen und die Zitronenschale dazugeben.

KELOWNA

REZEPTUR: 4 cl Canadian Whisky, 1 cl Fernet Branca, 1 cl Zuckersirup, 1 Spritzer Angostura.

SONSTIGES: Shaker, Barlöffel, Messglas, Cocktailglas, Eiswürfel.

ZUBEREITUNG: Eiswürfel in den Shaker geben und die Zutaten einmessen. Kräftig schütteln und in das Cocktailglas abseihen.

KENTUCKY PEACH

REZEPTUR: 4 cl Bourbon Whiskey, 6 cl Pfirsichsaft, 1 cl Grenadinesirup, 1 cl Zitronensaft.

SONSTIGES: Shaker, Barlöffel, Messglas, Sektkelch, Eiswürfel, Pfirsichspalte, Cocktailkirsche, Cocktailstick.

ZUBEREITUNG: Eiswürfel in den Shaker geben und die Zutaten einmessen. Kräftig schütteln und in den Sektkelch abseihen. Pfirsichspalte und Cocktailkirsche auf den Spieß stecken und diesen über den Glasrand legen.

LADY'S DREAM

REZEPTUR: 4 cl Canadian Whisky, 2 cl Cointreau, 2 cl Pfirsichsirup, 4 cl Ananassaft, 2 cl Obers/Sahne.

SONSTIGES: Shaker, Barlöffel, Messglas, Cocktailschale, Eiswürfel, Ananasscheibe, Erdbeere.

ZUBEREITUNG: Eiswürfel in den Shaker geben. Die Zutaten einmessen und kräftig schütteln. In die Cocktailschale abseihen, die Ananasscheibe und die Erdbeere am Glasrand aufsetzen.

LENA'S SURPRISE

REZEPTUR: 3 cl Bourbon Whiskey, 1 cl Galliano, 1 cl Campari, 1 cl Wermut rot, 1 cl Wermut trocken.

SONSTIGES: Shaker, Barlöffel, Messglas, Cocktailglas, Eiswürfel, Cocktailkirsche.

ZUBEREITUNG: Eiswürfel in den Shaker geben und die Zutaten einmessen. Kräftig schütteln und in das Cocktailglas abseihen. Die Cocktailkirsche in das Glas geben.

LIBERTY

REZEPTUR: 3 cl Bourbon Whiskey, 1 cl Wermut dry, 1 cl Southern Comfort, 2 cl Limetten- oder Zitronensaft.

SONSTIGES: Shaker, Barlöffel, Messbecher, Cocktailschale, Eiswürfel, Pfirsichspalte.

ZUBEREITUNG: Shaker zu $^1/_3$ mit Eiswürfel füllen und die Zutaten einmessen. Kräftig schütteln und in die Cocktailschale abseihen. Die Pfirsichspalte auf dem Glasrand aufsetzen.

LOUISIANA SUNRISE

REZEPTUR: 4 cl Bourbon Whiskey, 2 cl Triple sec, 2 cl Zitronensaft, 8 cl Orangensaft, 1 cl Grenadinesirup.

SONSTIGES: Barlöffel, Messglas, Longdrinkglas, Eiswürfel, Orangenscheibe, Trinkhalm.

ZUBEREITUNG: Das Longdrinkglas zu $^2/_3$ mit Eiswürfel füllen. Whiskey, Triple sec und die Säfte darüber gießen und mit dem Barlöffel gut umrühren. Den Grenadinesirup über den verkehrt gehaltenen Barlöffel vorsichtig beifügen. Die Orangenscheibe am Glasrand dekorieren und den Trinkhalm dazugeben.

MANHATTAN

REZEPTUR: 4 cl Canadian Whisky, 2 cl Wermut rosso, 1 Spritzer Angostura.

SONSTIGES: Rührglas, Barsieb, Barlöffel, Cocktailglas, Eiswürfel, Cocktailkirsche auf Stick.

ZUBEREITUNG: Eiswürfel in das Rührglas geben und die Zutaten einmessen. Kräftig verrühren, in das Cocktailglas abseihen und mit der Cocktailkirsche dekorieren.

MANHATTAN DRY

REZEPTUR: 4 cl Canadian oder Bourbon Whiskey, 2 cl Wermut dry.

SONSTIGES: Rührglas, Barsieb, Barlöffel, Messglas, Cocktailglas, Eiswürfel, Zitronenschale.

ZUBEREITUNG: Eiswürfel in das Rührglas geben und die Zutaten einmessen. Kräftig verrühren und in das Cocktailglas abseihen. Die Zitronenschale über dem Drink auspressen und dazugeben.

MARINA

REZEPTUR: 4 cl Canadian Whisky, 2 cl Wermut rot, 2 Spritzer Maraschino.

SONSTIGES: Shaker, Barlöffel, Messglas, Cocktailglas, Eiswürfel, Cocktailkirsche auf Stick.

ZUBEREITUNG: Eiswürfel in den Shaker geben und die Zutaten einmessen. Kräftig schütteln und in das Cocktailglas abseihen. Die Cocktailkirsche dazugeben.

MIAMI BEACH

REZEPTUR: 4 cl Bourbon Whiskey, 2 cl Wermut dry, 2 cl Grapefruitsaft.

SONSTIGES: Shaker, Barlöffel, Messglas, Cocktailschale, Eiswürfel, Grapefruitspalte.

ZUBEREITUNG: Eiswürfel in den Shaker geben. Die Zutaten einmessen und kräftig schütteln. In die Cocktailschale abseihen und die Grapefruitspalte am Glasrand aufsetzen.

MONTREAL FLIP

REZEPTUR: 5 cl Canadian Whisky, 1 cl Zuckersirup, 1 Eigelb, 2 cl Obers/Sahne.

SONSTIGES: Shaker, Barlöffel, Messglas, Sektkelch, Eiswürfel, Muskatnuss.

ZUBEREITUNG: Eiswürfel in den Shaker geben und die Zutaten einmessen. Kurz, aber kräftig schütteln und in den Sektkelch abseihen. Mit etwas Muskatnuss bestreuen.

MORNING GLORY

REZEPTUR: 4 cl Scotch Whisky, 2 Spritzer Grenadinesirup, 2 Spritzer Angostura.

SONSTIGES: Rührglas, Barsieb, Barlöffel, Messglas, Cocktailglas, Eiswürfel, Cocktailkirsche.

ZUBEREITUNG: Eiswürfel in das Rührglas geben und die Zutaten einmessen. Mit dem Barlöffel gut umrühren, in das Cocktailglas abseihen und mit der Cocktailkirsche dekorieren.

NEW ORLEANS SOUR

REZEPTUR: 4 cl Bourbon Whiskey, 2 cl Cointreau, 2 cl Maracujasirup, 4 cl Ananassaft.

SONSTIGES: Shaker, Barlöffel, Messglas, Sekttulpe oder Sektkelch, Eiswürfel, Ananaskeil, Cocktailkirsche, Cocktailstick.

ZUBEREITUNG: Eiswürfel in den Shaker geben. Die Zutaten einmessen und kräftig schütteln. In das Glas abseihen, mit Ananaskeil und Cocktailkirsche dekorieren.

NEW YORKER

REZEPTUR: 4 cl Bourbon Whiskey, 2 cl Limetten- oder Zitronensaft, 1 Barlöffel Grenadinesirup, 2 cl Orangensaft.

SONSTIGES: Shaker, Barlöffel, Messbecher, Cocktailschale, Eiswürfel, Zitronenscheibe.

ZUBEREITUNG: Eiswürfel in den Shaker geben und die Zutaten

einmessen. Kräftig schütteln und in die Cocktailschale abseihen. Mit der Zitronenscheibe garnieren.

NIAGARA FALLS

REZEPTUR: 4 cl Canadian Whisky, 2 cl Cherry Brandy, 2 cl Zitronensaft, 2 cl Orangensaft.

SONSTIGES: Shaker, Barlöffel, Messglas, Sektkelch, Eiswürfel, Orangenscheibe, Cocktailkirsche auf Stick.

ZUBEREITUNG: Eiswürfel in den Shaker geben und die Zutaten einmessen. Kräftig schütteln und in den Sektkelch abseihen. Die Orangenscheibe an den Glasrand hängen und den Cocktailspieß dazustecken.

OLD FASHIONED

REZEPTUR: 4 cl Bourbon Whiskey, 2 Spritzer Angosturabitter,

SONSTIGES: Barlöffel, Messglas, Old-Fashioned-Glas, Eiswürfel, Wasser, Orangen-und Zitronenspalte, Cocktailkirsche.

ZUBEREITUNG: Den Würfelzucker mit Angosturabitter und Wasser in das Old-Fashioned-Glas geben und mit dem Barlöffel zerstoßen. Den Whiskey einmessen, danach das Glas mit Eiswürfel füllen und die Orangen- sowie die Zitronenspalte mit der Cocktailkirsche dazugeben.

OLDIE

REZEPTUR: 4 cl Scotch Whisky, 2 cl Galliano, 2 cl Orangensaft, 2 cl Obers/Sahne.

SONSTIGES: Shaker, Barlöffel, Messglas, Sektschale, Eiswürfel, Schokoflocken.

ZUBEREITUNG: Eiswürfel in den Shaker geben. Die Zutaten einmessen und kurz, aber kräftig schütteln. In die Sektschale abseihen und mit den Schokoflocken bestreuen.

PARROT

REZEPTUR: 3 cl Bourbon Whiskey, 1 cl Cointreau, 5 cl Orangensaft, 1 cl Zitronensaft, 1 cl Zuckersirup.

SONSTIGES: Shaker, Barlöffel, Messglas, Cocktailschale, Eiswürfel, Cocktailkirsche auf Stick.

ZUBEREITUNG: Eiswürfel in den Shaker geben. Die Zutaten einmessen und kräftig schütteln. In die Cocktailschale abseihen und mit der Cocktailkirsche dekorieren.

PUNTA CANA HOLIDAY

REZEPTUR: 2 cl Bourbon Whiskey, 2 cl Bananenlikör, 4 cl Orangensaft.

SONSTIGES: Shaker, Barlöffel, Messglas, Cocktailschale, Eiswürfel, geschlagenes Obers/geschlagene Sahne, Bananenscheibe.

ZUBEREITUNG: Eiswürfel in den Shaker geben und die Zutaten einmessen. Kräftig schütteln und in die Cocktailschale abseihen. Geschlagenes Obers/geschlagene Sahne darauf geben und die Bananenscheibe am Glasrand dekorieren.

QUATTRO

REZEPTUR: 3 cl Canadian Whisky, 1 cl Amaretto, 1 cl Crème de Cassis, 1 cl Wermut dry.

SONSTIGES: Rührglas, Barlöffel, Messglas, Cocktailglas, Eiswürfel, Cocktailspieß mit Orangenscheibe und Cocktailkirsche.

ZUBEREITUNG: Eiswürfel in das Rührglas geben. Die Zutaten einmessen und kräftig verrühren. In das Cocktailglas abseihen und mit dem Cocktailspieß garnieren.

ROB ROY

REZEPTUR: 4 cl Scotch Whisky, 2 cl Wermut rosso, 1 Spritzer Angostura.

SONSTIGES: Rührglas, Barsieb, Barlöffel, Messglas, Cocktailglas, Cocktailkirsche auf Stick.

ZUBEREITUNG: Eiswürfel in das Rührglas geben. Die Zutaten einmessen und gut verrühren. In das Cocktailglas abseihen und mit der Cocktailkirsche garnieren.

RUSTY NAIL

REZEPTUR: 4 cl Scotch Whisky, 2 cl Drambuie.

SONSTIGES: Barlöffel, Messbecher, Old-Fashioned-Glas, Eiswürfel.

ZUBEREITUNG: Das Old-Fashioned-Glas zu $^2/_3$ mit Eiswürfel füllen und die Zutaten direkt in das Glas einmessen. Mit dem Barlöffel leicht umrühren.

SANDY COLLINS

REZEPTUR: 4 cl Scotch Whisky, 2 cl Zitronensaft, 2 cl Zuckersirup, 1 Spritzer Angostura, Sodawasser.

SONSTIGES: Barlöffel, Messglas, großes Longdrinkglas, Eiswürfel, Zitronenscheibe, 2 Cocktailkirschen, Trinkhalm, Stirer.

ZUBEREITUNG: Das Longdrinkglas zu $^3/_4$ mit Eiswürfel füllen. Whisky, Zitronensaft und Zuckersirup einmessen. Anschließend den Angosturabitter darauf spritzen und mit Sodawasser auffüllen. Die Zitronenscheibe am Glasrand aufsetzen, die Cocktailkirschen, Trinkhalm und Stirer in das Glas geben.

SCHLANGENGRUBE

REZEPTUR: 3 cl Irish Whiskey, 1 cl Kümmellikör, 1 cl Wermut rot, 1 cl Zitronensaft, 1 Spritzer Angosturabitter.

SONSTIGES: Shaker, Barlöffel, Messglas, Cocktailglas, Eiswürfel, Zitronenscheibe.

ZUBEREITUNG: Eiswürfel in den Shaker geben und die Zutaten einmessen. Kräftig schütteln und in das Cocktailglas abseihen. Die Zitronenscheibe am Glasrand dekorieren.

SCOTCH SOUR

REZEPTUR: 4 cl Scotch Whisky, 2 cl Zitronensaft, 1 Barlöffel Zuckersirup, 1 Schuss Sodawasser.

SONSTIGES: Shaker, Barlöffel, Messglas, Old-Fashioned-Glas, Eiswürfel, Cocktailstick mit 1 Orangen-, 1 Zitronenspalte und 3 Cocktailkirschen.

ZUBEREITUNG: Eiswürfel in den Shaker geben. Die Zutaten einmessen und kräftig schütteln. In das Old-Fashioned-Glas abseihen, 1 Schuss Soda dazugeben und mit dem Cocktailspieß garnieren.

SCOTSMAN

REZEPTUR: 4 cl Scotch Whisky, 2 cl Crème de Cacao weiß, Sodawasser.

SONSTIGES: Barlöffel, Messglas, Old-Fashioned-Glas, Eiswürfel, Kumquat, 2 kurze Trinkhalme.

ZUBEREITUNG: Einige Eiswürfel in das Old-Fashioned-Glas geben und die Zutaten darüber gießen. Die Kumquat auf dem Glasrand aufsetzen. Die Trinkhalme dazugeben.

SCOTSMAN'S PRAYER

REZEPTUR: 5 cl Scotch Whisky, 6 cl Maracujasaft, 1 cl Zitronensaft, 1 cl Grenadinesirup.

SONSTIGES: Shaker, Messglas, Old-Fashioned-Glas, Zitronenscheibe, Cocktailkirsche, Cocktailstick, Trinkhalm.

ZUBEREITUNG: Eiswürfel in den Shaker geben und die Zutaten einmessen. Kräftig schütteln, einige Eiswürfel in das Old-Fashioned-Glas geben und den Drink abseihen. Mit Zitronenscheibe und Cocktailkirsche dekorieren und den Trinkhalm dazugeben.

SLEEPLESS NIGHT

REZEPTUR: 4 cl Scotch Whisky, 2 cl Coruba Rum, 2 cl Zitronensaft.

SONSTIGES: Shaker, Barlöffel, Messglas, Cocktailglas, Eiswürfel.

ZUBEREITUNG: Eiswürfel in den Shaker geben und die Zutaten einmessen. Kräftig schütteln und in das Cocktailglas abseihen.

SMOOTH HIGHLANDER

REZEPTUR: 4 cl Scotch Whisky, 2 cl Cointreau, 4 cl Kirschsaft, 2 cl Lime Juice.

SONSTIGES: Shaker, Barlöffel, Messglas, Old-Fashioned-Glas, Eiswürfel, Zitronenscheibe, Cocktailkirsche, Cocktailstick, 2 kurze Trinkhalme.

ZUBEREITUNG: Eiswürfel in den Shaker geben und die Zutaten einmessen. Kräftig schütteln und in das mit einigen Eiswürfeln gefüllte Old-Fashioned-Glas abseihen. Mit Zitronenscheibe und Cocktailkirsche garnieren und die Trinkhalme dazugeben.

SOUTHERN DREAMS

REZEPTUR: 4 cl Bourbon Whiskey, 2 cl Southern Comfort, 8 cl Pfirsichsaft.

SONSTIGES: Shaker, Barlöffel, Messglas, Longdrinkglas, Eiswürfel, Pfirsichspalte.

ZUBEREITUNG: Eiswürfel in den Shaker geben und die Zutaten einmessen. Kräftig schütteln und in das Longdrinkglas abseihen. Mit der Pfirsichspalte garnieren.

SWEET LADY

REZEPTUR: 4 cl Scotch Whisky, 1 cl Peach Brandy, 1 cl Crème de Cacao weiß.

SONSTIGES: Shaker, Barlöffel, Messglas, Cocktailschale, Eiswürfel.

ZUBEREITUNG: Eiswürfel in den Shaker geben und die Zutaten einmessen. Kräftig schütteln und in die Cocktailschale abseihen.

WALDORFF ASTORIA

REZEPTUR: 4 cl Irish Whiskey, 2 cl Wermut rosso, 2 cl Pernod, 2 Spritzer Angostura.

SONSTIGES: Shaker, Eiswürfel, Barlöffel, Messglas, Cocktailschale.

ZUBEREITUNG: Eiswürfel in den Shaker geben und die Zutaten einmessen. Kräftig schütteln und in die Cocktailschale abseihen.

WARD EIGHT

REZEPTUR: 4 cl Bourbon Whiskey, 2 cl Orangensaft, 2 cl Zitronensaft, 1 cl Grenadinesirup.

SONSTIGES: Shaker, Barlöffel, Messglas, Sektkelch, Eiswürfel, Orangenscheibe.

ZUBEREITUNG: Eiswürfel in den Shaker geben und die Zutaten einmessen. Kräftig schütteln und in den Sektkelch abseihen. Die Orangenscheibe am Glasrand aufsetzen.

WHISKEY SOUR

REZEPTUR: 4 cl Bourbon Whiskey, 2 cl Zitronensaft, 1 Barlöffel Zuckersirup, Sodawasser.

SONSTIGES: Shaker, Barlöffel, Messglas, Weißwein- oder Old-Fashioned-Glas, Eiswürfel, Orangen-, Zitronenspalte, 2–3 Cocktailkirschen, Cocktailspieß.

ZUBEREITUNG: Shaker zu $1/3$ mit Eiswürfel füllen und die Zutaten außer dem Sodawasser einmessen. Kräftig schütteln, in das Glas abseihen und mit einem Schuss Sodawasser vollenden. Orangen-und Zitronenspalte sowie die Cocktailkirschen auf den Spieß stecken und in das Glas hängen.

WHISPER

REZEPTUR: 4 cl Scotch Whisky, 1 cl Wermut dry, 1 cl Wermut bianco.

SONSTIGES: Rührglas, Barsieb, Barlöffel, Messbecher, Cocktailglas, Eiswürfel.

ZUBEREITUNG: Eiswürfel in das Rührglas geben und die Zutaten einmessen. Mit dem Barlöffel kräftig verrühren und in das Cocktailglas abseihen.

WHITE BIRD

REZEPTUR: 4 cl Bourbon Whiskey, 2 cl Bananenlikör, 2 cl Obers/Sahne.

SONSTIGES: Shaker, Barlöffel, Messbecher, Cocktailschale, Eiswürfel, Bananenscheibe.

ZUBEREITUNG: Eiswürfel in den Shaker geben. Die Zutaten einmessen und kurz, aber kräftig schütteln. In die Cocktailschale abseihen und mit der Bananenscheibe dekorieren.

WILD IRISH ROSE

REZEPTUR: 5 cl Irish Whiskey, 1 Barlöffel Grenadine, Sodawasser.

SONSTIGES: Shaker, Barlöffel, Messglas, Longdrinkglas, Eiswürfel, Trinkhalm.

ZUBEREITUNG: Shaker zu $^1/_3$ mit Eiswürfel füllen. Irish Whiskey und Grenadine einmessen und kräftig schütteln. In das Longdrinkglas abseihen und den Trinkhalm dazugeben.

WILD LIFE

REZEPTUR: 2 cl Bourbon Whiskey, 2 cl Cointreau, 2 cl Ananassaft, 1 Spritzer Campari, $^1/_2$ Eiweiß.

SONSTIGES: Shaker, Barlöffel, Messglas, Cocktailglas, Eiswürfel, Orangenscheibe, Cocktailkirsche auf Stick.

ZUBEREITUNG: Eiswürfel in den Shaker geben. Das Ei abklären und das Eiweiß mit den anderen Ingredienzen beifügen. Kurz, aber kräftig schütteln und in das Cocktailglas abseihen. Die Orangenscheibe am Glasrand aufsetzen und die Cocktailkirsche dazustecken.

COGNAC-, WEINBRAND-, BRANDY-BASIS

ADAM & EVE

REZEPTUR: 2 cl Weinbrand, 2 cl Gin, 2 cl Anislikör, 1 Spritzer Zitronensaft.

SONSTIGES: Shaker, Barlöffel, Messglas, Cocktailschale, Eiswürfel.

ZUBEREITUNG: Eiswürfel in den Shaker geben und die Zutaten einmessen. Kräftig schütteln und in die Cocktailschale abseihen.

ALEXANDER COCKTAIL

REZEPTUR: 2 cl Weinbrand, 2 cl Crème de Cacao dunkel, 2 cl Obers/Sahne.

SONSTIGES: Shaker, Barlöffel, Messglas, Cocktailglas, Eiswürfel.

ZUBEREITUNG: Eiswürfel in den Shaker geben. Die Zutaten einmessen und kurz, aber kräftig schütteln. In das Cocktailglas abseihen.

AMERICAN BEAUTY

REZEPTUR: 2 cl Weinbrand, 2 cl Wermut dry, 2 cl Crème de Menthe weiß, 3 cl Orangensaft, 1 Spritzer Grenadinesirup.

SONSTIGES: Shaker, Barlöffel, Messglas, Sektschale, Eiswürfel.

ZUBEREITUNG: Eiswürfel in den Shaker geben und die Zutaten einmessen. Kräftig schütteln und in die Sektschale abseihen.

ANGEL'S KISS

REZEPTUR: 3 cl Weinbrand, 1 cl Bénédictinelikör, 1 cl Chartreuse, 1 Barlöffel Erdbeersirup, 2 cl Milch.

SONSTIGES: Shaker, Barlöffel, Messglas, Old-Fashioned-Glas, Eiswürfel, 2 Erdbeeren, 2 kurze Trinkhalme.

ZUBEREITUNG: Eiswürfel in den Shaker geben und die Zutaten einmessen. Kräftig schütteln und in das Old-Fashioned-Glas abseihen. Die Erdbeeren am Glasrand aufsetzen und die Trinkhalme in das Glas geben.

APOTHEKE

REZEPTUR: 4 cl Weinbrand, 2 cl Crème de Menthe, 2 cl Fernet Branca.

SONSTIGES: Rührglas, Barsieb, Barlöffel, Messglas, Cocktailschale, Eiswürfel.

ZUBEREITUNG: Eiswürfel in das Rührglas geben und die Zutaten einmessen. Gut verrühren und in die Cocktailschale abseihen.

ASBACH EXOTICA

REZEPTUR: 3 cl Asbach Uralt, 2 cl Maracujasirup, 2 cl Zitronensaft, Bitter Lemon.

SONSTIGES: Shaker, Barlöffel, Messglas, Longdrinkglas, Eiswürfel, Ananaskeil, 2 Kiwischeiben, 1 Scheibe Karambole, Trinkhalm.

ZUBEREITUNG: Eiswürfel in den Shaker geben. Die Zutaten außer Bitter Lemon einmessen und kräftig schütteln. In das Longdrinkglas abseihen und mit Bitter Lemon auffüllen. Ananaskeil und Karambole am Glasrand aufsetzen, Kiwischeiben und Trinkhalm in das Glas geben.

ASBACH OLYMPIC

REZEPTUR: 4 cl Asbach Uralt, 4 cl Wermut bianco, 4 cl Orangensaft.

SONSTIGES: Shaker, Barlöffel, Messglas, Longdrinkglas, Eiswürfel, Orangenspalte, Trinkhalm, Stirer.

ZUBEREITUNG: Shaker zu $^1/_3$ mit Eiswürfel füllen. Die Zutaten einmessen und kräftig schütteln. In das mit einigen Eiswürfeln gefüllte Longdrinkglas abseihen, die Orangenspalte am Glasrand dekorieren, Trinkhalm und Stirer in das Glas geben.

ASBACH SOUR

REZEPTUR: 4 cl Asbach Uralt, 4 cl Zitronensaft, 2 cl Orangensaft, 2 cl Zuckersirup.

SONSTIGES: Shaker, Barlöffel, Messglas, Sektkelch, Eiswürfel, Orangenscheibe, Cocktailkirsche auf Stick.

ZUBEREITUNG: Eiswürfel in den Shaker geben. Die Zutaten einmessen und kräftig schütteln. In den Sektkelch abseihen, Orangenscheibe am Glasrand aufsetzen und die Cocktailkirsche dazustecken.

ASBACH SUMMER

REZEPTUR: 4 cl Asbach Uralt, 1 cl Zitronensaft, Ginger Ale.

SONSTIGES: Barlöffel, Messglas, Longdrinkglas, Eiswürfel, Zitronenspalte und Cocktailkirsche auf Stick, Trinkhalm, Stirer.

ZUBEREITUNG: Eiswürfel in das Longdrinkglas geben. Asbach und Zitronensaft darüber gießen und mit Ginger Ale auffüllen. Umrühren, mit dem Fruchtspieß dekorieren und Trinkhalm sowie Stirer dazugeben.

ASBACH TROPICA

REZEPTUR: 4 cl Asbach Uralt, 6 cl Ananassaft, Tonic Water.

SONSTIGES: Shaker, Barlöffel, Messglas, Longdrinkglas, Eiswürfel, Ananaskeil und Cocktailkirsche auf Stick, Trinkhalm, Stirer.

ZUBEREITUNG: Shaker zu $^1/_3$ mit Eiswürfel füllen. Die Zutaten außer dem Tonic Water einmessen und kräftig schütteln. In das mit einigen Eiswürfeln gefüllte Longdrinkglas abseihen, mit Tonic Water auffüllen und mit dem Fruchtspieß dekorieren.

ATLANTIQUE

REZEPTUR: 4 cl Cognac, 8 cl Orangensaft, 3 cl Grapefruitsaft.

SONSTIGES: Shaker, Barlöffel, Messglas, Longdrinkglas, Eiswürfel, Orangenscheibe, Trinkhalm.

ZUBEREITUNG: Eiswürfel in den Shaker geben und die Zutaten einmessen. Kräftig schütteln und in das Longdrinkglas abseihen. Mit der Orangenscheibe am Glasrand dekorieren und den Trinkhalm in das Glas geben.

B & B

REZEPTUR: 2 cl Cognac, 2 cl Bénédictine.

SONSTIGES: Barlöffel, Messglas, Old-Fashioned-Glas, Eiswürfel.

ZUBEREITUNG: Eiswürfel in das Old-Fashioned-Glas geben, die Zutaten darüber gießen und mit dem Barlöffel verrühren.

BANANA BOAT

REZEPTUR: 3 cl Weinbrand, 3 cl Bananenlikör.

SONSTIGES: Rührglas, Barsieb, Barlöffel, Messglas, Old-Fashioned-Glas, Bananenscheibe.

ZUBEREITUNG: Eiswürfel in das Rührglas geben und die Zutaten einmessen. Gut verrühren und in das mit einigen Eiswürfeln gefüllte Old-Fashioned-Glas abseihen. Die Bananenscheibe am Glasrand dekorieren.

BERMUDA HIGHBALL

REZEPTUR: 4 cl Weinbrand, 2 cl Gin, 2 cl Sherry trocken, Ginger Ale oder Sodawasser.

SONSTIGES: Barlöffel, Messglas, Longdrinkglas, Eiswürfel, Zitronenscheibe.

ZUBEREITUNG: Eiswürfel in das Longdrinkglas geben und die Zutaten einmessen. Gut umrühren, mit Ginger Ale oder Sodawasser auffüllen und die Zitronenscheibe am Glasrand aufsetzen.

BETTGEFLÜSTER

REZEPTUR: 3 cl Weinbrand, 1 cl Kahlúa oder Crème de Mocca, 2 cl Grand Marnier, 1 Barlöffel Obers/Sahne.

SONSTIGES: Shaker, Barlöffel, Messglas, Cocktailschale, Eiswürfel.

ZUBEREITUNG: Eiswürfel in den Shaker geben und die Zutaten einmessen. Kräftig schütteln und in die Cocktailschale abseihen.

BETWEEN THE SHEETS

REZEPTUR: 2 cl Weinbrand, 2 cl weißer Rum, 1 cl Curacao Triple sec, 2 cl Zitronensaft.

SONSTIGES: Shaker, Barlöffel, Messglas, Cocktailglas, Eiswürfel, Zitronenscheibe.

ZUBEREITUNG: Eiswürfel in den Shaker geben und die Zutaten einmessen. Kräftig schütteln, in das Cocktailglas abseihen und mit der Zitronenscheibe am Glasrand dekorieren.

BLUE FLEET

REZEPTUR: 4 cl Weinbrand, 2 cl Curacao blue, 2 cl Zitronensaft.

SONSTIGES: Shaker, Barlöffel, Messglas, Cocktailschale.

ZUBEREITUNG: Eiswürfel in den Shaker geben und die Zutaten einmessen. Kräftig schütteln und in die Cocktailschale abseihen.

BLUE MOON II

REZEPTUR: 2 cl Weinbrand, 1 cl Mandarinenlikör, 1 cl Curacao blue, 2 cl Obers/Sahne.

SONSTIGES: Shaker, Barlöffel, Messglas, Cocktailschale, Eiswürfel, Mandarinenspalte.

ZUBEREITUNG: Eiswürfel in den Shaker geben und die Zutaten einmessen. Kurz, aber kräftig schütteln, in die Cocktailschale abseihen und die Mandarinenspalte am Glasrand dekorieren.

BOMBAY

REZEPTUR: 2 cl Weinbrand, 2 cl Wermut dry, 1 cl Wermut rosso, 1 Spritzer Pernod.

SONSTIGES: Rührglas, Barsieb, Barlöffel, Messglas, Cocktailglas, Eiswürfel, Zitronenschale.

ZUBEREITUNG: Eiswürfel in das Rührglas geben und die Zutaten einmessen. Gut verrühren, in das Cocktailglas abseihen und die Zitronenschale dazugeben.

BRANDY EGG NOG

REZEPTUR: 4 cl Weinbrand, 3 Barlöffel Zuckersirup, 1 Eigelb, kalte Milch.

SONSTIGES: Shaker, Barlöffel, Messglas, Longdrinkglas, Eiswürfel, Muskatnuss.

ZUBEREITUNG: Eiswürfel in den Shaker geben und die Zutaten außer der Milch einmessen. Kräftig schütteln, in das Longdrinkglas abseihen und mit der Milch auffüllen. Anschließend mit einer Prise Muskatnuss bestreuen.

BRANDY FIZZ

REZEPTUR: 4 cl Weinbrand, 2 cl Zitronensaft, 2 Barlöffel Zuckersirup, Sodawasser.

SONSTIGES: Shaker, Barlöffel, Messglas, Longdrinkglas, Eiswürfel, Trinkhalm.

ZUBEREITUNG: Eiswürfel in den Shaker geben und die Zutaten außer dem Sodawasser einmessen. Kräftig schütteln, in das Longdrinkglas abseihen, mit Sodawasser auffüllen und den Trinkhalm in das Glas geben.

BRANDY FLIP

REZEPTUR: 5 cl Weinbrand, 2 cl Obers/Sahne, 2 Barlöffel Zuckersirup, 1 Eigelb.

SONSTIGES: Shaker, Barlöffel, Messglas, Sektflöte, Eiswürfel, Muskatnuss.

ZUBEREITUNG: Eiswürfel in den Shaker geben und die Zutaten einmessen. Kurz, aber kräftig schütteln, in die Sektflöte abseihen und mit einer Prise Muskatnuss bestreuen.

BRANDY SOUR

REZEPTUR: 4 cl Weinbrand, 2 cl Zitronensaft, 1 Barlöffel Zuckersirup.

SONSTIGES: Shaker, Barlöffel, Messglas, Old-Fashioned-Glas, Eiswürfel, Orangen-, Zitronenspalte und 2 Cocktailkirschen, Sodawasser.

ZUBEREITUNG: Eiswürfel in den Shaker geben. Die Zutaten außer dem Sodawasser einmessen und kräftig schütteln. In das Old-Fashioned-Glas abseihen, einen Schuss Sodawasser darüber gießen und den Fruchtspieß in das Glas hängen.

BRAZIL

REZEPTUR: 4 cl Weinbrand, 2 cl Curacao Triple sec, 2 cl Zuckersirup, kalte Milch.

SONSTIGES: Shaker, Barlöffel, Messglas, Longdrinkglas, Eiswürfel, Muskatnuss.

ZUBEREITUNG: Eiswürfel in den Shaker geben und die Zutaten außer der Milch einmessen. Kurz, aber kräftig schütteln und in das mit einigen Eiswürfeln gefüllte Longdrinkglas abseihen. Mit kalter Milch auffüllen und mit einer Prise Muskatnuss bestreuen.

BUTTERFLY FLIP

REZEPTUR: 2 cl Weinbrand, 2 cl Crème de Cacao, 2 cl Obers/Sahne, 2 cl Zuckersirup, 1 Eigelb.

SONSTIGES: Shaker, Barlöffel, Messglas, Sektflöte, Eiswürfel, Kakaopulver.

ZUBEREITUNG: Eiswürfel in den Shaker geben und die Zutaten einmessen. Kurz, aber kräftig schütteln, in die Sektflöte abseihen und mit etwas Kakaopulver bestreuen.

CARIBBEAN DELIGHT

REZEPTUR: 3 cl Weinbrand, 1 cl Orangenlikör, 4 cl Orangensaft, 4 cl Mangosaft, 1 Spritzer Grenadinesirup.

SONSTIGES: Shaker, Barlöffel, Messglas, Longdrinkglas, Eiswürfel, Karambolescheibe, Cocktailkirsche auf Stick.

ZUBEREITUNG: Eiswürfel in den Shaker geben und die Zutaten einmessen. Kräftig schütteln und in das Longdrinkglas abseihen. Die Karambolescheibe am Glasrand aufsetzen und die Cocktailkirsche dazustecken.

CHOCOLATE DAISY

REZEPTUR: 4 cl Weinbrand, 2 cl Cream Sherry, 2 cl Zitronensaft, 1 Barlöffel Grenadinesirup.

SONSTIGES: Shaker, Barlöffel, Messglas, Old-Fashioned-Glas, Eiswürfel, 3 Cocktailkirschen.

ZUBEREITUNG: Eiswürfel in den Shaker geben und die Zutaten einmessen. Kräftig schütteln und in das Old-Fashioned-Glas abseihen. Die Cocktailkirschen in das Glas geben.

CLASSIC COCKTAIL

REZEPTUR: 2 cl Weinbrand, 2 cl Curacao Triple sec, 1 cl Maraschino, 2 cl Zitronensaft.

SONSTIGES: Shaker, Barlöffel, Messglas, Cocktailschale, Eiswürfel, Zitronenscheibe.

ZUBEREITUNG: Eiswürfel in den Shaker geben und die Zutaten

einmessen. Kräftig schütteln, in die Cocktailschale abseihen und mit der Zitronenscheibe am Glasrand dekorieren.

COCO BAMBA

REZEPTUR: 3 cl Weinbrand, 2 cl Cointreau, 1 Barlöffel Zuckersirup, 2 cl Obers/Sahne.

SONSTIGES: Shaker, Barlöffel, Messglas, Sektschale, Eiswürfel, Kaffeepulver.

ZUBEREITUNG: Eiswürfel in den Shaker geben. Die Zutaten einmessen und kurz, aber kräftig schütteln. In die Sektschale abseihen und mit einer Prise Kaffeepulver bestreuen.

CUBANO

REZEPTUR: 4 cl Weinbrand, 2 cl Apricot Brandy, 1 Barlöffel weißer Rum, 2 cl Zitronensaft.

SONSTIGES: Shaker, Barlöffel, Messglas, Cocktailschale, Eiswürfel, Ananasscheibe.

ZUBEREITUNG: Eiswürfel in den Shaker geben und die Zutaten einmessen. Kräftig schütteln und in die Cocktailschale abseihen. Die Ananasscheibe am Glasrand dekorieren.

DIRTY MOTHER

REZEPTUR: 4 cl Weinbrand, 2 cl Kahlúa oder Crème de Mocca.

SONSTIGES: Rührglas, Barsieb, Barlöffel, Messglas, Cocktailglas, Eiswürfel.

ZUBEREITUNG: Eiswürfel in das Rührglas geben und die Zutaten einmessen. Gut umrühren und in das Cocktailglas abseihen.

DIRTY WHITE MOTHER

REZEPTUR: 2 cl Weinbrand, 2 cl Kahlúa oder Crème de Mocca, 2 cl Obers/Sahne.

SONSTIGES: Shaker, Barlöffel, Messglas, Cocktailglas, Eiswürfel.

ZUBEREITUNG: Eiswürfel in den Shaker geben und die Zutaten einmessen. Kurz, aber kräftig schütteln und in das Cocktailglas abseihen.

DON MANUEL'S PUNCH

REZEPTUR: 4 cl Weinbrand, 4 cl Cream Sherry, 2 cl Curacao Triple sec, 1 Barlöffel Zuckersirup.

SONSTIGES: Shaker, Barlöffel, Messglas, Longdrinkglas, Eiswürfel, gestoßenes Eis, Orangenscheibe, Ananaskeil, Trinkhalm.

ZUBEREITUNG: Eiswürfel in den Shaker geben und die Zutaten einmessen. Kräftig schütteln und in das zu $^2/_3$ mit gestoßenem Eis gefüllte Longdrinkglas abseihen. Mit Orangenscheibe und Ananaskeil am Glasrand dekorieren und den Trinkhalm dazugeben.

DREAM

REZEPTUR: 4 cl Weinbrand, 1 cl Curacao blue, 1 Barlöffel Anisette Likör.

SONSTIGES: Shaker, Barlöffel, Messglas, Cocktailglas, Eiswürfel.

ZUBEREITUNG: Eiswürfel in den Shaker geben und die Zutaten einmessen. Kräftig schütteln und in das Cocktailglas abseihen.

EAST INDIA COCKTAIL

REZEPTUR: 3 cl Weinbrand, 1.5 cl Curacao Orange, 1.5 cl Ananassaft, 1 Spritzer Orange Bitter.

SONSTIGES: Shaker, Barlöffel, Messglas, Cocktailglas, Eiswürfel, Cocktailkirsche auf Stick.

ZUBEREITUNG: Eiswürfel in den Shaker geben und die Zutaten einmessen. Kräftig schütteln, in das Cocktailglas abseihen und mit der Cocktailkirsche garnieren.

ECSTASY

REZEPTUR: 2 cl Weinbrand, 2 cl Orangensaft, 2 cl Maracujasaft, 1 Spritzer Grenadinesirup.

SONSTIGES: Shaker, Barlöffel, Messglas, Longdrinkglas, Eiswürfel, Orangenscheibe, Karambolescheibe, Trinkhalm.

ZUBEREITUNG: Shaker zu $^1/_3$ mit Eiswürfel füllen. Die Zutaten außer dem Grenadinesirup einmessen und kräftig schütteln. In das Longdrinkglas abseihen und den Grenadinesirup darauf spritzen. Orangen- und Karambolescheibe am Glasrand dekorieren.

EXPRESS

REZEPTUR: 5 cl Weinbrand, 2 cl Wermut rosso, 4 cl Grapefruitsaft, 1 Spritzer Angostura.

SONSTIGES: Shaker, Barlöffel, Messglas, Old-Fashioned-Glas, Eiswürfel, Zitronenscheibe.

ZUBEREITUNG: Eiswürfel in den Shaker geben und die Zutaten

einmessen. Kräftig schütteln, in das Old-Fashioned-Glas abseihen und mit der Zitronenscheibe dekorieren.

FANTASIE

REZEPTUR: 3 cl Weinbrand, 1 cl Sherry trocken, 1 Barlöffel Crème de Menthe weiß, 1 Barlöffel Maraschino.

SONSTIGES: Shaker, Barlöffel, Messglas, Cocktailschale, Eiswürfel.

ZUBEREITUNG: Eiswürfel in den Shaker geben und die Zutaten einmessen. Kräftig schütteln und in die Cocktailschale abseihen.

FAR AWAY

REZEPTUR: 2 cl Weinbrand, 2 cl Wermut dry, 2 cl Eierlikör, 1 Spritzer Angostura.

SONSTIGES: Shaker, Barlöffel, Messglas, Cocktailschale, Eiswürfel, Zimt.

ZUBEREITUNG: Eiswürfel in den Shaker geben. Die Zutaten einmessen und kräftig schütteln. In die Cocktailschale abseihen und mit einer Prise Zimt bestreuen.

FRENCH AND ITALIAN

REZEPTUR: 3 cl Cognac, 3 cl Galliano, 3 cl Obers/Sahne.

SONSTIGES: Shaker, Barlöffel, Messglas, Sektschale, Eiswürfel, Schokospäne.

ZUBEREITUNG: Eiswürfel in den Shaker geben und die Zutaten einmessen. Kurz, aber kräftig schütteln, in die Sektschale abseihen und mit den Schokospänen bestreuen.

FRENCH CONNECTION

REZEPTUR: 3 cl Cognac, 1 cl Amaretto, 2 cl Obers/Sahne.

SONSTIGES: Shaker, Barlöffel, Messglas, Cocktailschale, Eiswürfel.

ZUBEREITUNG: Eiswürfel in den Shaker geben und die Zutaten einmessen. Kurz, aber kräftig schütteln und in die Cocktailschale abseihen.

GARE DE L'EST

REZEPTUR: 4 cl Cognac, 2 Barlöffel Zuckersirup, 1 Spritzer Angosturabitter.

SONSTIGES: Shaker, Barlöffel, Messglas, Cocktailglas, Cocktailkirsche auf Stick.

ZUBEREITUNG: Eiswürfel in den Shaker geben und die Zutaten einmessen. Kräftig schütteln, in das Cocktailglas abseihen und mit der Cocktailkirsche garnieren.

GIRLS DESIRE

REZEPTUR: 2 cl Weinbrand, 2 cl Drambuie, 2 cl Wermut dry.

SONSTIGES: Shaker, Barlöffel, Messglas, Cocktailglas, Eiswürfel, Orangenscheibe.

ZUBEREITUNG: Eiswürfel in den Shaker geben und die Zutaten einmessen. Kräftig schütteln, in das Cocktailglas abseihen und mit der Orangenscheibe am Glasrand dekorieren.

GODCHILD

REZEPTUR: 3 cl Weinbrand, 3 cl Amaretto.

SONSTIGES: Barlöffel, Messglas, Old-Fashioned-Glas, Eiswürfel.

ZUBEREITUNG: Eiswürfel in das Old-Fashioned-Glas geben. Zuerst den Amaretto, dann den Weinbrand über den verkehrt gehaltenen Barlöffel in das Glas gießen.

HALLO TAXI

REZEPTUR: 3 cl Weinbrand, 2 cl Crème de Cassis, 1 cl weißer Rum, 2 cl Zitronensaft, Tonic Water.

SONSTIGES: Rührglas, Barsieb, Barlöffel, Messglas, Longdrinkglas, Eiswürfel, Ananaskeil, Karambolescheibe, Trinkhalm.

ZUBEREITUNG: Eiswürfel in das Rührglas geben und die Zutaten außer dem Tonic Water einmessen. Gut umrühren und in das Longdrinkglas abseihen. Ananaskeil und Karambolescheibe am Glasrand dekorieren. Den Trinkhalm in das Glas geben.

HARRY LIME

REZEPTUR: 2 cl Asbach Uralt, 2 cl Limetten oder Zitronensaft, Tonic Water.

SONSTIGES: Barlöffel, Messglas, Longdrinkglas, Eiswürfel, Limettenscheibe, Cocktailkirsche, Stirer.

ZUBEREITUNG: Eiswürfel in das Longdrinkglas geben. Asbach, Limettensaft einmessen und mit Tonic Water auffüllen. Umrühren, mit Limettenscheibe und Cocktailkirsche dekorieren und den Stirer in das Glas geben.

HELICOPTER

REZEPTUR: 3 cl Weinbrand, 1 cl Bourbon Whiskey, 2 cl Grand Marnier.

SONSTIGES: Shaker, Barlöffel, Messglas, Cocktailglas, Eiswürfel, Orangenscheibe.

ZUBEREITUNG: Eiswürfel in den Shaker geben und die Zutaten einmessen. Kräftig schütteln, in das Cocktailglas abseihen und mit der Orangenscheibe am Glasrand dekorieren.

HENNESSY CUP

REZEPTUR: 4 cl Hennessy Cognac, 1 cl Grenadinesirup, 10 cl Maracujasaft.

SONSTIGES: Shaker, Barlöffel, Messglas, Longdrinkglas, Eiswürfel, Ananasscheibe, Trinkhalm.

ZUBEREITUNG: Eiswürfel in den Shaker geben und die Zutaten einmessen. Kräftig schütteln und in das mit einigen Eiswürfeln gefüllte Longdrinkglas abseihen. Die Ananasscheibe am Glasrand dekorieren und den Trinkhalm in das Glas geben.

HORSE'S NECK

REZEPTUR: 4 cl Weinbrand, 1 Spritzer Angostura, Ginger Ale.

SONSTIGES: Barlöffel, Messglas, Ballonglas, Eiswürfel, Zitronenspirale.

ZUBEREITUNG: Eiswürfel in das Ballonglas geben und die Zitronenspirale dazuhängen. Weinbrand, Angostura darüber gießen und mit Ginger Ale auffüllen.

HOT EGG NOG

REZEPTUR: 4 cl Weinbrand, 2 cl dunkler Rum, 2 Barlöffel Zuckersirup, 1 Ei, heiße Milch.

SONSTIGES: Barlöffel, Messglas, Longdrinkglas, Muskatnuss.

ZUBEREITUNG: Weinbrand, Rum, Zuckersirup sowie das Ei in das Glas geben und mit dem Barlöffel verrühren. Mit heißer Milch auffüllen und mit einer Prise Muskatnuss bestreuen.

LA MANDORLA

REZEPTUR: 2 cl Weinbrand, 2 cl Wermut rosso, 2 cl Curacao Triple sec, 1 Spritzer Amaretto.

SONSTIGES: Rührglas, Barsieb, Barlöffel, Messglas, Cocktailschale, grüne Feige.

ZUBEREITUNG: Eiswürfel in das Rührglas geben und die Zutaten einmessen. Gut umrühren, in die Cocktailschale abseihen und die Feige am Glasrand dekorieren.

LIFESAVER

REZEPTUR: 2 cl Weinbrand, 2 cl Portwein süß, 2 cl Obers/Sahne, 1 Barlöffel Zuckersirup, 1 Eigelb.

SONSTIGES: Shaker, Barlöffel, Messglas, Longdrinkglas, Eiswürfel, Trinkhalm.

ZUBEREITUNG: Eiswürfel in den Shaker geben und die Zutaten einmessen. Kräftig schütteln, in das Longdrinkglas abseihen und den Trinkhalm dazugeben.

MS EUROPA SPEZIAL

REZEPTUR: 2 cl Weinbrand, 2 cl Curacao Triple sec, 4 cl Orangensaft, Sekt.

SONSTIGES: Shaker, Barlöffel, Messglas, Sektschale, Eiswürfel.

ZUBEREITUNG: Eiswürfel in den Shaker geben. Weinbrand, Triple sec, Orangensaft einmessen und kräftig schütteln. In die Sektschale abseihen und mit Sekt aufgießen.

NEW ORLEANS SIDE CAR

REZEPTUR: 2 cl Cognac, 1 cl weißer Rum, 2 cl Curacao Triple sec, 2 cl Zitronensaft, 1 Spritzer Grenadinesirup, 1 Spritzer Pernod.

SONSTIGES: Shaker, Barlöffel, Messglas, Cocktailglas, Eiswürfel, Ananasscheibe.

ZUBEREITUNG: Eiswürfel in den Shaker geben und die Zutaten einmessen. Kräftig schütteln, in das Cocktailglas abseihen und mit der Ananasscheibe am Glasrand dekorieren.

NIKOLASCHKA

REZEPTUR: 4 cl Cognac.

SONSTIGES: Messglas, Cognacschwenker, Zitronenscheibe, 1 Barlöffel Zucker, 1 Barlöffel Kaffeepulver.

ZUBEREITUNG: Cognac in den Schwenker messen. Die Zitronenscheibe über das Glas legen, den Zucker und das Kaffeepulver darauf geben. Die Zitronenscheibe mit dem Zucker-Kaffeehäufchen in den Mund nehmen und den Cognac nachtrinken.

PARISER NÄCHTE

REZEPTUR: 3 cl Cognac, 4 cl Orangensaft, 1 Spritzer Grenadinesirup, Sekt halbsüß.

SONSTIGES: Shaker, Barlöffel, Messglas, Sekttulpe, Eiswürfel, 2 Pfirsichspalten, 2 Cocktailkirschen.

ZUBEREITUNG: Eiswürfel in den Shaker geben. Cognac, Orangensaft, Grenadinesirup einmessen und kräftig schütteln. In die Sekttulpe abseihen und mit Sekt auffüllen. Pfirsichspalten und Cocktailkirschen abwechselnd auf einen Spieß stecken und über das Glas legen.

PICASSO

REZEPTUR: 2 cl Weinbrand, 1 cl Dubonnet, 1 cl Zitronensaft, 1 Barlöffel Zuckersirup.

SONSTIGES: Shaker, Barlöffel, Messglas, Cocktailglas, Eiswürfel, Zitronenscheibe.

ZUBEREITUNG: Eiswürfel in den Shaker geben. Die Zutaten einmessen und kräftig schütteln. In das Cocktailglas abseihen und die Zitronenscheibe am Glasrand dekorieren.

PIERRE COLLINS

REZEPTUR: 4 cl Cognac, 2 cl Zitronensaft, 2 cl Zuckersirup, 1 Spritzer Angostura, Sodawasser.

SONSTIGES: Barlöffel, Messglas, großes Longdrinkglas, Eiswürfel, 2 Cocktailkirschen, Zitronenscheibe, Trinkhalm, Stirer.

ZUBEREITUNG: Das Glas zu $^3/_4$ mit Eiswürfel füllen. Cognac, Zitronensaft in das Glas einmessen, den Angosturabitter darauf spritzen und mit Sodawasser auffüllen. Die Cocktailkirschen, Trinkhalm und Stirer in das Glas geben. Die Zitronenscheibe am Glasrand dekorieren.

SIDE CAR

REZEPTUR: 2 cl Weinbrand, 2 cl Cointreau, 2 cl Zitronensaft.

SONSTIGES: Shaker, Barlöffel, Messglas, Cocktailglas, Eiswürfel.

ZUBEREITUNG: Eiswürfel in den Shaker geben und die Zutaten einmessen. Kräftig schütteln und in das Cocktailglas abseihen.

SLOPPY JOE'S COCKTAIL

REZEPTUR: 2 cl Weinbrand, 2 cl Portwein, 2 cl Curacao Triple sec, 3 cl Ananassaft, 1 Spritzer Grenadinesirup.

SONSTIGES: Shaker, Barlöffel, Messglas, Sektschale, Eiswürfel, Ananasscheibe, Cocktailkirsche auf Stick.

ZUBEREITUNG: Eiswürfel in den Shaker geben und die Zutaten einmessen. Kräftig schütteln und in die Sektschale abseihen. Die Ananasscheibe am Glasrand aufsetzen und die Cocktailkirsche dazustecken.

SPRINGTIME

REZEPTUR: 4 cl Weinbrand, 2 cl Bénédictine, 3 cl Orangensaft.

SONSTIGES: Shaker, Barlöffel, Messglas, Sektschale, Eiswürfel, Orangenscheibe, Cocktailkirsche auf Stick.

ZUBEREITUNG: Eiswürfel in den Shaker geben und die Zutaten einmessen. Kräftig schütteln und in die Sektschale abseihen. Die Orangenscheibe am Glasrand aufsetzen und die Cocktailkirsche dazustecken.

STINGER

REZEPTUR: 4 cl Weinbrand, 2 cl Crème de Menthe weiß.

SONSTIGES: Rührglas, Barsieb, Barlöffel, Messglas, Cocktailschale, Eiswürfel.

ZUBEREITUNG: Eiswürfel in das Rührglas geben und die Zutaten einmessen. Gut umrühren und in die Cocktailschale abseihen.

SUNDOWNER

REZEPTUR: 3 cl Weinbrand, 1 cl Mandarinenlikör, 1 cl Orangensaft, 1 cl Zitronensaft.

SONSTIGES: Shaker, Barlöffel, Messglas, Cocktailglas, Eiswürfel, Mandarinenspalte auf Stick.

ZUBEREITUNG: Eiswürfel in den Shaker geben und die Zutaten einmessen. Kräftig schütteln, in das Cocktailglas abseihen und die Mandarinenspalte am Glasrand dekorieren.

T.E.E.-COCKTAIL

REZEPTUR: 2 cl Weinbrand, 1 cl Kirschwasser, 2 cl Peach Brandy, 1 cl Campari.

SONSTIGES: Shaker, Barlöffel, Messglas, Cocktailglas, Eiswürfel.

ZUBEREITUNG: Eiswürfel in den Shaker geben und die Zutaten einmessen. Kräftig schütteln und in das Cocktailglas abseihen.

THE ALTERNATIVE

REZEPTUR: 4 cl Weinbrand, 2 cl Sherry trocken, 2 Spritzer Angostura.

SONSTIGES: Rührglas, Barlöffel, Messglas, Cocktailschale, Eiswürfel, Zitronenschale.

ZUBEREITUNG: Eiswürfel in das Rührglas geben und die Zutaten einmessen. Gut umrühren, in die Cocktailschale abseihen und die Zitronenschale in den Drink geben.

TWISTER

REZEPTUR: 3 cl Cognac, 2 cl Wodka, 1 cl Pernod.

SONSTIGES: Shaker, Barlöffel, Messglas, Cocktailschale, Eiswürfel.

ZUBEREITUNG: Shaker zu $^1/_3$ mit Eiswürfel füllen und die Zutaten einmessen. Kräftig schütteln und in die Cocktailschale abseihen.

VAN GOGH

REZEPTUR: 4 cl Weinbrand, 2 cl Cherry Brandy, 1 Barlöffel Grenadinesirup.

SONSTIGES: Shaker, Barlöffel, Messglas, Cocktailglas, Eiswürfel, Orangenscheibe.

ZUBEREITUNG: Eiswürfel in den Shaker geben und die Zutaten einmessen. Kräftig schütteln und in das Cocktailglas abseihen. Die Orangenscheibe am Glasrand dekorieren.

WEST INDIES COCKTAIL

REZEPTUR: 4 cl Weinbrand, 1 cl Curacao Triple sec, 1 cl weißer Rum, 2 cl Ananassaft, 1 Spritzer Angostura.

SONSTIGES: Shaker, Barlöffel, Messglas, Cocktailschale, Eiswürfel, Ananaskeil.

ZUBEREITUNG: Eiswürfel in den Shaker geben und die Zutaten einmessen. Kräftig schütteln, in die Cocktailschale abseihen und den Ananaskeil am Glasrand aufsetzen.

WESTERN RAILWAY

REZEPTUR: 2 cl Weinbrand, 2 cl Curacao Triple sec, 2 cl Maraschino, Sekt.

SONSTIGES: Rührglas, Barsieb, Barlöffel, Messglas, Sektschale, Cocktailkirsche.

ZUBEREITUNG: Eiswürfel in das Rührglas geben und die Zutaten außer dem Sekt einmessen. Gut verrühren, in die Sektschale abseihen und mit Sekt oder Champagner auffüllen. Mit der Cocktailkirsche garnieren.

RUM-BASIS

138 SPEZIAL

REZEPTUR: 3 cl Bacardi Carta blanca, 2 cl Weinbrand, 1 cl Grand Marnier, 6 cl Orangensaft, 2 cl Zitronensaft, 1 Barlöffel Grenadinesirup.

SONSTIGES: Shaker, Barlöffel, Messglas, Longdrinkglas, Eiswürfel, gestoßenes Eis, Ananasspalte mit Blättern, Cocktailkirsche auf Stick, Trinkhalm, Stirer.

ZUBEREITUNG: Eiswürfel in den Shaker geben und die Zutaten einmessen. Kräftig schütteln und in das zu $^{2}/_{3}$ mit gestoßenem Eis gefüllte Longdrinkglas abseihen. Die Ananasspalte am Glasrand aufsetzen und die Cocktailkirsche dazustecken. Trinkhalm und Stirer in das Glas geben.

ANANAS FIZZ

REZEPTUR: 2 cl Rum dunkel, 4 cl Ananassaft, 1 Barlöffel Zuckersirup, Sodawasser.

SONSTIGES: Shaker, Barlöffel, Messglas, Longdrinkglas, Eiswürfel, Trinkhalm.

ZUBEREITUNG: Eiswürfel in den Shaker geben. Die Zutaten außer dem Sodawasser einmessen und kräftig schütteln. In das Longdrinkglas abseihen und mit Sodawasser auffüllen. Den Trinkhalm in das Glas geben.

APRICOT LADY

REZEPTUR: 4 cl Bacardi Gold Label, 3 cl Apricot Brandy, 1.5 cl Limetten- oder Zitronensaft, 1 Barlöffel Curacao Triple sec, $^{1}/_{2}$ Eiweiß.

SONSTIGES: Elektrischer Mixer, Barlöffel, Messglas, Eiswürfel, Longdrinkglas, Zitronenscheibe, Trinkhalm.

ZUBEREITUNG: Eiswürfel in den Mixer geben und die Zutaten einmessen. Das Ei abklären und das ½ Eiweiß dazugeben. Gut mixen und mit dem Eis in das Longdrinkglas gießen. Die Zitronenscheibe am Glasrand dekorieren und den Trinkhalm in das Glas geben.

ATLANTIK COCKTAIL

REZEPTUR: 3 cl Rum Coruba, 2 cl Gin, 1 cl Cointreau.

SONSTIGES: Shaker, Barlöffel, Messglas, Cocktailglas, Eiswürfel.

ZUBEREITUNG: Eiswürfel in den Shaker geben und die Zutaten einmessen. Kräftig schütteln und in das Cocktailglas abseihen.

BACARDI COCKTAIL

REZEPTUR: 4 cl Bacardi Carta blanca, 1.5 cl Zitronensaft, 1 Barlöffel Grenadinesirup.

SONSTIGES: Shaker, Barlöffel, Messglas, Cocktailschale, Eiswürfel.

ZUBEREITUNG: Eiswürfel in den Shaker geben und die Zutaten einmessen. Kräftig schütteln und in die Cocktailschale abseihen.

BACARDI SOUR

REZEPTUR: 4 cl Bacardi Carta blanca, 2 cl Limetten- oder Zitronensaft, 2 Barlöffel Zuckersirup.

SONSTIGES: Shaker, Barlöffel, Messglas, Old-Fashioned-Glas, Eiswürfel, Orangen-, Zitronenspalte und Cocktailkirsche auf Stick.

ZUBEREITUNG: Eiswürfel in den Shaker geben und die Zutaten einmessen. Sehr kräftig schütteln und in das Old-Fashioned-Glas abseihen. Den Spieß in das Glas geben.

BAHAMA MAMA

REZEPTUR: 2 cl Rum dunkel, 2 cl hochprozentiger Rum (151 Proof), 2 cl Malibu Likör, 2 cl Tia Maria, 2 cl Zitronensaft, 4 cl Ananassaft.

SONSTIGES: Shaker, Barlöffel, Messglas, Longdrinkglas, Eiswürfel, Ananasscheibe, Trinkhalm.

ZUBEREITUNG: Eiswürfel in den Shaker geben und die Zutaten einmessen. Kräftig schütteln und in das Longdrinkglas abseihen. Die Ananasscheibe am Glasrand dekorieren und den Trinkhalm in das Glas geben.

BAHAMA MAMITA

REZEPTUR: 4 cl Rum dunkel, 2 cl Crème de Cassis, 1 Barlöffel Grenadinesirup, 3 cl Zitronensaft.

SONSTIGES: Shaker, Barlöffel, Messglas, Cocktailschale, Eiswürfel, 1/2 Ananasscheibe, Muskatnuss, Trinkhalm.

ZUBEREITUNG: Eiswürfel in den Shaker geben und die Zutaten einmessen. Kräftig schütteln, in die Sekttulpe abseihen und mit einer Prise Muskatnuss bestreuen. Die Ananasscheibe am Glasrand dekorieren und den Trinkhalm in das Glas geben.

BANANA DAIQUIRI

REZEPTUR: 4 cl Bacardi Gold Label, 2 cl Limettensaft, 1 Barlöffel Zuckersirup, 1/2 Banane

SONSTIGES: Elektrischer Mixer, Barlöffel, Messglas, großes Burgunderglas, gestoßenes Eis, Cocktailkirsche.

ZUBEREITUNG: Gestoßenes Eis in den Mixer geben und die Zutaten einmesssen. Die Banane zerkleinern und ebenfalls dazugeben. Gut mixen und mit dem Eis in das Glas geben. Mit der Cocktailkirsche garnieren.

BARBADOS

REZEPTUR: 3 cl Rum weiß, 2 cl Malibu, 2 cl Bananenlikör, 1 cl Obers/Sahne, 8 cl Orangensaft.

SONSTIGES: Elektrischer Mixer, Barlöffel, Messglas, ausgehöhlte Melonenhälfte, großes Burgunder- oder Fantasieglas, gestoßenes Eis, Melonenspalte, Trinkhalm.

ZUBEREITUNG: Gestoßenes Eis in den Mixer geben und die Zutaten einmessen. Gut mixen und mit dem Eis in das Glas oder die ausgehöhlte Melone geben. Trinkhalm dazustecken. Falls ein Glas verwendet wird, mit der Melonenspalte dekorieren.

BATIDA DE BANANA

REZEPTUR: 4 cl Cachaca, 8 cl Ananassaft, 2 cl Obers/Sahne, 1/2 Banane.

SONSTIGES: Elektrischer Mixer, Barlöffel, Messglas, Longdrinkglas, Eiswürfel, gestoßenes Eis, Ananasscheibe, Trinkhalm.

ZUBEREITUNG: Eiswürfel in den Mixer geben und die Zutaten einmessen. Die Banane in kleine Stücke schneiden und ebenfalls dazugeben. Gut mixen und in das zu 2/3 mit gestoßenem Eis gefüllte Longdrinkglas abseihen. Die Ananasscheibe am Glasrand dekorieren und den Trinkhalm dazugeben.

BATIDA DE COCO

REZEPTUR: 4 cl Cachaca, 4 cl Batida de Coco, 8 cl Ananassaft, 2 cl Obers/Sahne.

SONSTIGES: Elektrischer Mixer, Barlöffel, Messglas, Longdrinkglas, Eiswürfel, gestoßenes Eis, Ananasscheibe, Cocktailkirsche auf Stick, Trinkhalm.

ZUBEREITUNG: Eiswürfel in den Mixer geben und die Zutaten einmessen. Gut mixen und in das zu $^{2}/_{3}$ mit gestoßenem Eis gefüllte Longdrinkglas abseihen. Die Ananasscheibe am Glasrand dekorieren, die Cocktailkirsche dazustecken und den Trinkhalm in das Glas geben.

BATIDA DE MEL

REZEPTUR: 4 cl Cachaca, 4 cl Lime Juice, 1 Limette, 1 Barlöffel Honig.

SONSTIGES: Barlöffel, Messglas, Old-Fashioned-Glas, Eiswürfel, 2 kurze Trinkhalme.

ZUBEREITUNG: Die Limette vierteln, den Saft in das Old-Fashioned-Glas ausdrücken und die Limettenstücke ebenfalls in das Glas geben. Mit dem Barlöffel oder einem Stössel noch einmal kräftig ausdrücken und einige Eiswürfel in das Glas geben. Cachaca und Lime Juice dazugeben und mit dem Barlöffel umrühren. Den Honig in das fertige Getränk geben und mit den 2 Trinkhalmen servieren.

BIG BAMBOO

REZEPTUR: 6 cl Rum 74 %, 3 cl Rum dunkel, 3 cl Rum weiß, 9 cl Ananassaft, 9 cl Orangensaft, 2 Barlöffel Honig.

SONSTIGES: Shaker, Barlöffel, Messglas, großes Longdrinkglas, Eiswürfel, Früchtespieß, Trinkhalm.

ZUBEREITUNG: Eiswürfel in den Shaker geben und die Zutaten einmessen. Kräftig schütteln und in das Longdrinkglas abseihen. Den Früchtespieß über das Glas legen und den Trinkhalm dazugeben.

BLUE HAWAIIAN

REZEPTUR: 3 cl Rum weiß, 3 cl Curacao blue, 3 cl Coconut Cream, 6 cl Ananassaft.

PINA COLADA 1

REZEPTUR: 4 cl Rum weiß, 3 cl Coconut Cream, 6 cl Ananassaft.

SONSTIGES: Elektrischer Mixer, Barlöffel, Messglas, Burgunderglas, gestoßenes Eis, Ananasspalte mit Blättern, Cocktailkirsche auf Stick, Trinkhalm.

ZUBEREITUNG: Gestoßenes Eis in den Mixer geben, die Zutaten einmessen und gut mixen. Mit dem Eis in das Burgunderglas geben, die Ananasspalte am Glasrand aufsetzen und die Cocktailkirsche dazustecken. Trinkhalm in das Glas geben.

STRAWBERRY DAIQUIRI

REZEPTUR: 4 cl Bacardi Gold Label, 2 cl Lime Juice, 1 Barlöffel Zuckersirup, frische Erdbeeren.

SONSTIGES: Elektrischer Mixer, Barlöffel, Messglas, gestoßenes Eis, großes Burgunderglas, 2 Erdbeeren.

ZUBEREITUNG: Gestoßenes Eis in den Mixer geben und die Zutaten einmessen. Die Erdbeeren etwas zerkleinern und ebenfalls dazugeben. Gut mixen und mit dem Eis in das Glas geben. Die 2 Erdbeeren am Glasrand dekorieren.

SONSTIGES: Elektrischer Mixer, Barlöffel, Messglas, großes Burgunderglas, gestoßenes Eis, 1/2 Ananasspalte, Cocktailkirsche auf Stick, Trinkhalm.

ZUBEREITUNG: Gestoßenes Eis in den Mixer geben und die Zutaten einmessen. Gut mixen und mit dem Eis in das Burgunderglas geben. Die Ananasspalte am Glasrand aufsetzen und die Cocktailkirsche dazustecken. Den Trinkhalm in das Glas geben.

BLUE TANGO

REZEPTUR: 3 cl Rum weiß, 2 cl Curacao blue, 2 cl Coconut Cream, Sodawasser.

SONSTIGES: Shaker, Barlöffel, Messglas, Longdrinkglas, Eiswürfel, Trinkhalm.

ZUBEREITUNG: Eiswürfel in den Shaker geben und die Zutaten außer dem Sodawasser einmessen. Kräftig schütteln, in das Longdrinkglas abseihen und mit Sodawasser auffüllen. Den Trinkhalm in das Glas geben.

CAIPIRINHA

REZEPTUR: 4 cl Pitú, 3 Barlöffel brauner Zucker, 4 Limettenspalten.

SONSTIGES: Barlöffel, Messglas, Old-Fashioned-Glas, gestoßenes Eis, Limettenspalte, Stirer.

ZUBEREITUNG: Die Limettenspalten und darüber den braunen Zucker in das Old-Fashioned-Glas geben. Mit dem Barlöffel oder einem Stössel zerdrücken und danach den Pitú darauf gießen. Das Glas mit gestoßenem Eis auffüllen, die Limettenspalte am Glasrand aufsetzen und den Stirer in das Glas geben.

CAIPIRISSIMA

REZEPTUR: 4 cl Rum weiß, 3 Barlöffel brauner Zucker, 4 Limettenspalten.

SONSTIGES: Barlöffel, Messglas, Old-Fashioned-Glas, gestoßenes Eis, Limettenspalte, Stirer.

ZUBEREITUNG: Die Limettenspalten mit dem braunen Zucker in das Old-Fashioned-Glas geben. Mit dem Barlöffel oder einem Stössel zerdrücken und den Rum darauf gießen. Das Glas mit gestoßenem Eis auffüllen, die Limettenspalte auf dem Glasrand dekorieren und den Stirer in das Glas geben.

CALYPSO COCKTAIL

REZEPTUR: 4 cl Bacardi Gold Label, 1 cl Tia Maria, 10 cl Ananassaft, 1 Barlöffel Erdbeersirup.

SONSTIGES: Shaker, Barlöffel, Messglas, Longdrinkglas, Eiswürfel, Ananaskeil, Trinkhalm.

ZUBEREITUNG: Eiswürfel in den Shaker geben und die Zutaten einmessen. Kräftig schütteln und in das Longdrinkglas abseihen. Den Ananaskeil am Glasrand dekorieren und den Trinkhalm dazugeben.

CALYPSO FROZEN DAIQUIRI

REZEPTUR: 4 cl Rum weiß, 2 cl Limetten- oder Zitronensaft, 2 cl Coconut Cream, 3 cl Tia Maria.

SONSTIGES: Elektrischer Mixer, Barlöffel, Messglas, Sektschale, gestoßenes Eis, 2 kurze Trinkhalme.

ZUBEREITUNG: 3 Esslöffel gestoßenes Eis in den Mixer geben. Die Zutaten außer dem Tia Maria einmessen und gut mixen. Den Tia Maria Likör in die Sektschale gießen und den gesamten Inhalt des Mixers in der Mitte des Glases aufhäufen. Die Trinkhalme dazugeben.

CARIBE CLIPPER

REZEPTUR: 4 cl Rum dunkel, 1 Barlöffel Crème de Menthe, 2 cl Zitronensaft, Tonic Water.

SONSTIGES: Barlöffel, Messglas, Longdrinkglas, Eiswürfel.

ZUBEREITUNG: Eiswürfel in das Longdrinkglas geben. Rum, Crème de Menthe und Zitronensaft einmessen und mit dem Barlöffel gut verrühren. Mit Tonic Water auffüllen und noch einmal umrühren.

CASABLANCA

REZEPTUR: 4 cl Rum weiß, 2 cl Coconut Cream, 1 cl Grenadinesirup, 8 cl Ananassaft.

SONSTIGES: Elektrischer Mixer, Barlöffel, Messglas, Longdrinkglas, gestoßenes Eis, Ananasscheibe, Cocktailkirsche auf Stick, Trinkhalm.

ZUBEREITUNG: Gestoßenes Eis in den Mixer geben und die Zutaten einmessen. Gut mixen und mit dem Eis in das Longdrinkglas geben. Die Ananasscheibe am Glasrand aufsetzen und die Cocktailkirsche dazustecken. Den Trinkhalm in das Glas geben.

CHERRY COLADA

REZEPTUR: 4 cl Rum weiß, 2 cl Coconut Cream, 2 cl Cherry Brandy, 8 cl Ananassaft.

SONSTIGES: Shaker, Barlöffel, Messglas, Longdrinkglas, Eiswürfel, Kiwischeibe, 2 Cocktailkirschen, Trinkhalm.

ZUBEREITUNG: Eiswürfel in den Shaker geben und die Zutaten einmessen. Kräftig schütteln und in das mit einigen Eiswürfeln gefüllte Longdrinkglas abseihen. Die Kiwischeibe am Glasrand dekorieren, Cocktailkirschen und Trinkhalm in das Glas geben.

CHINESE COCKTAIL

REZEPTUR: 2 cl Rum Coruba, 1 cl Curacao Triple sec, 1 cl Maraschino, 1 cl Grenadinesirup.

SONSTIGES: Shaker, Barlöffel, Messglas, Cocktailschale, Eiswürfel, Maraschinokirsche.

ZUBEREITUNG: Eiswürfel in den Shaker geben und die Zutaten einmessen. Kräftig schütteln, in die Cocktailschale abseihen und mit der Maraschinokirsche dekorieren.

COCO BASHER

REZEPTUR: 4 cl Malibu, 8 cl Ananassaft, Ginger Ale.

SONSTIGES: Barlöffel, Messglas, Longdrinkglas, Eiswürfel, Cocktailkirsche auf Stick, Trinkhalm, Stirer.

ZUBEREITUNG: Das Longdrinkglas zu $^3/_4$ mit Eiswürfel füllen, Malibu und Ananassaft einmessen und gut verrühren. Mit der Cocktailkirsche garnieren und Trinkhalm sowie Stirer in das Glas geben.

COOL RUNNINGS

REZEPTUR: 4 cl Rum weiß, 2 cl Curacao blue, 1 cl Zitronensaft, 8 cl Ananassaft.

SONSTIGES: Shaker, Barlöffel, Messglas, Longdrinkglas, Eiswürfel, Ananasscheibe, Cocktailkirsche, Trinkhalm.

ZUBEREITUNG: Eiswürfel in den Shaker geben und die Zutaten einmessen. Kräftig schütteln und in das Longdrinkglas abseihen. Die Ananasscheibe am Glasrand aufsetzen, die Cocktailkirsche dazustecken und den Trinkhalm in das Glas geben.

COPA BRASIL

REZEPTUR: 2 cl Rum Gold Label, 1 cl Rum dunkel, 1 cl Galliano, 8 cl Orangensaft.

SONSTIGES: Shaker, Barlöffel, Messglas, Longdrinkglas, Eiswürfel, Ananaskeil, Cocktailkirsche auf Stick, Trinkhalm, Stirer.

ZUBEREITUNG: Eiswürfel in den Shaker geben. Die Zutaten einmessen und kräftig schütteln. In das mit einigen Eiswürfeln gefüllte Longdrinkglas abseihen, den Ananaskeil am Glasrand aufsetzen und die Cocktailkirsche dazustecken. Trinkhalm und Stirer in das Glas geben.

COPACAPANA

REZEPTUR: 4 cl Cachaca, 2 cl Coconut Cream, 2 cl Obers/Sahne, 6 cl Ananassaft.

SONSTIGES: Elektrischer Mixer, Barsieb, Barlöffel, Messglas, Longdrinkglas, Eiswürfel, gestoßenes Eis, Ananasspalte mit Blättern, Cocktailkirsche auf Stick, Trinkhalm.

ZUBEREITUNG: Eiswürfel in den Mixer geben und die Zutaten einmessen. Gut mixen und in das zu $^2/_3$ mit gestoßenem Eis gefüllte Longdrinkglas abseihen. Die Ananasspalte am Glasrand aufsetzen und die Cocktailkirsche dazustecken. Den Trinkhalm in das Glas geben.

CORUBA DAIQUIRI

REZEPTUR: 4.5 cl Rum Coruba, 1.5 cl Zitronensaft, 1 Barlöffel Grenadinesirup.

SONSTIGES: Shaker, Barlöffel, Messglas, Cocktailschale, Eiswürfel.

ZUBEREITUNG: Eiswürfel in den Shaker geben und die Zutaten einmessen. Kräftig schütteln und in die Cocktailschale abseihen.

CORUBA MANHATTAN

REZEPTUR: 4 cl Coruba Rum, 2 cl Wermut rosso, 2 Spritzer Angostura.

SONSTIGES: Rührglas, Barsieb, Barlöffel, Messglas, Cocktailglas, Eiswürfel, Cocktailkirsche.

ZUBEREITUNG: Eiswürfel in das Rührglas geben und die Zutaten einmessen. Gut verrühren, in das Cocktailglas abseihen und die Cocktailkirsche dazugeben.

CUBA LIBRE

REZEPTUR: 4 cl Rum weiß, 2 cl Limettensaft, Coca Cola.

SONSTIGES: Barlöffel, Messglas, großes Longdrinkglas, Eiswürfel, Limetten- oder Zitronenspalte, Stirer.

ZUBEREITUNG: Das Longdrinkglas zu $^{3}/_{4}$ mit Eiswürfel füllen und Rum und Limettensaft darüber gießen. Mit Coca Cola auffüllen und die Limettenspalte am Glasrand dekorieren.

DAIQUIRI

REZEPTUR: 4 cl Rum weiß, 2 cl Zitronensaft, 1 cl Zuckersirup.

SONSTIGES: Shaker, Barlöffel, Messglas, Cocktailschale, Eiswürfel, Cocktailkirsche auf Stick.

ZUBEREITUNG: Eiswürfel in den Shaker geben und die Zutaten einmessen. Kräftig schütteln, in die Cocktailschale abseihen und mit der Cocktailkirsche garnieren.

DIRTY BANANA

REZEPTUR: 3 cl Rum dunkel, 3 cl Tia Maria, 6 cl Milch, 2 cl Honig, $^{1}/_{2}$ Banane.

SONSTIGES: Elektrischer Mixer, Barlöffel, Messglas, Longdrinkglas, gestoßenes Eis, Trinkhalm.

ZUBEREITUNG: Gestoßenes Eis in den Mixer geben und die Zutaten einmessen. Die Banane zerkleinern und ebenfalls dazugeben. Gut mixen und mit dem Eis in das Longdrinkglas gießen. Den Trinkhalm in das Glas geben.

DOMINICAN COCO LOCO

REZEPTUR: 4 cl Rum weiß, 3 cl Coconut Cream, 2 cl Amaretto, 1 cl Grenadinesirup, 2 cl Obers/Sahne, 6 cl Ananassaft.

SONSTIGES: Elektrischer Mixer, Barlöffel, Messglas, Longdrinkglas, Eiswürfel, Ananasscheibe, Trinkhalm.

ZUBEREITUNG: Eiswürfel in den Mixer geben und die Zutaten einmessen. Gut mixen und mit dem Eis in das Longdrinkglas geben. Die Ananasscheibe am Glasrand aufsetzen und den Trinkhalm in das Glas geben.

DUNLOP COCKTAIL

REZEPTUR: 4 cl Rum Coruba, 2 cl Sherry trocken, 1 Spritzer Angosturabitter.

SONSTIGES: Rührglas, Barsieb, Barlöffel, Messglas, Cocktailschale, Eiswürfel.

ZUBEREITUNG: Eiswürfel in das Rührglas geben und die Zutaten einmessen. Gut verrühren und mit dem Barsieb in die Cocktailschale abseihen.

ELBOW BEACH

REZEPTUR: 3 cl Rum weiß, 1 cl Mangosirup,1 cl Cointreau, 1 cl Zitronensaft, 2 cl Orangensaft.

SONSTIGES: Shaker, Barlöffel, Messglas, Cocktailschale, Eiswürfel, Orangenscheibe.

ZUBEREITUNG: Eiswürfel in den Shaker geben und die Zutaten einmessen. Kräftig schütteln und in die Cocktailschale abseihen. Die Orangenscheibe am Glasrand dekorieren.

EL PRESIDENTE

REZEPTUR: 4 cl Havanna Club Rum, 1 cl Curacao Triple sec, 1 cl Wermut dry, 1 Barlöffel Grenadinesirup.

SONSTIGES: Shaker, Barlöffel, Messglas, Cocktailschale, Eiswürfel, Cocktailkirsche.

ZUBEREITUNG: Eiswürfel in den Shaker geben und die Zutaten einmessen. Kräftig schütteln, in die Cocktailschale abseihen und die Cocktailkirsche in das Glas geben.

ERNEST HEMINGWAY

REZEPTUR: 4 cl Havanna Club Rum, 1 cl Maraschino, 2 cl Grapefruitsaft, 1 cl Limettensaft.

SONSTIGES: Shaker, Barlöffel, Messglas, Cocktailschale, Eiswürfel, Maraschinokirsche.

ZUBEREITUNG: Eiswürfel in den Shaker geben und die Zutaten einmessen. Kräftig schütteln, in die Cocktailschale abseihen und mit der Maraschinokirsche garnieren.

FIDJI

REZEPTUR: 4 cl Rum dunkel, 2 cl Batida de Coco, 1 cl Galliano, 1 cl Grenadinesirup, 1 cl Obers/Sahne, 4 cl Ananassaft.

SONSTIGES: Elektrischer Mixer, Barlöffel, Messglas, Longdrinkglas, gestoßenes Eis, Kumquat, Trinkhalm.

ZUBEREITUNG: Gestoßenes Eis in den Mixer geben und die Zutaten einmessen. Gut mixen und mit dem Eis in das Longdrinkglas gießen. Die Kumquat am Glasrand aufsetzen und den Trinkhalm in das Glas geben.

FLORIDITA DAIQUIRI

REZEPTUR: 4 cl Havanna Club Rum 2 cl Limetten- oder Zitronensaft, 1 cl Maraschino, 1 cl Zuckersirup.

SONSTIGES: Shaker, Barlöffel, Messglas, Cocktailschale, Eiswürfel.

ZUBEREITUNG: Eiswürfel in den Shaker geben und die Zutaten einmessen. Kräftig schütteln und in die Cocktailschale abseihen.

FROZEN PIKAKI

REZEPTUR: 4 cl Rum Coruba, 2 cl Orangensaft, 1 cl Zitronensaft, 1 Barlöffel Grenadinesirup.

SONSTIGES: Elektrischer Mixer, Barlöffel, Messglas, Sektschale, gestoßenes Eis, $^1/_2$ Ananasscheibe, Cocktailkirsche auf Stick.

ZUBEREITUNG: Gestoßenes Eis in den Mixer geben und die Zutaten einmessen. Gut mixen und mit dem Eis in die Sektschale geben. Die Ananasscheibe am Glasrand aufsetzen und die Cocktailkirsche dazustecken.

GOLDEN REEF

REZEPTUR: 4 cl Rum weiß, 3 cl Tia Maria, 2 cl Bananenlikör, 2 cl Coconut Cream, 3 cl Ananassaft, 6 cl Orangensaft.

SONSTIGES: Elektrischer Mixer, Barlöffel, Messglas, Longdrinkglas, gestoßenes Eis, Orangenspalte, Cocktailkirsche auf Stick, Trinkhalm.

ZUBEREITUNG: Gestoßenes Eis in den Mixer geben und die Zutaten einmessen. Gut mixen und mit dem Eis in das Longdrinkglas gießen. Die Orangenspalte am Glasrand aufsetzen, die Cocktailkirsche dazustecken und den Trinkhalm in das Glas geben.

GOMMBAY SMASH

REZEPTUR: 3 cl Bacardi Carta blanca, 4 cl Malibu, 1 Schuss Tia Maria, 1 Barlöffel Zitronensaft, 1 Barlöffel Zuckersirup, 8 cl Ananassaft.

SONSTIGES: Shaker, Barlöffel, Messglas, Longdrinkglas, Eiswürfel, gestoßenes Eis, Ananasscheibe, Trinkhalm.

ZUBEREITUNG: Eiswürfel in den Shaker geben und die Zutaten

einmessen. Kräftig schütteln und in das zu $^{2}/_{3}$ mit gestoßenem Eis gefüllte Longdrinkglas abseihen. Die Ananasscheibe am Glasrand dekorieren und den Trinkhalm in das Glas geben.

HALF MOON HONEYMOON

REZEPTUR: 4 cl Rum dunkel, 6 cl Ananassaft, 6 cl Orangensaft, 1 Barlöffel Lime Juice, 1 Barlöffel Zuckersirup.

SONSTIGES: Barlöffel, Messglas, Longdrinkglas, Eiswürfel, Orangen-, Ananasscheibe, Cocktailkirsche, Trinkhalm, Stirer.

ZUBEREITUNG: Das Longdrinkglas zur Hälfte mit Eiswürfel füllen. Die Zutaten einmessen und mit dem Barlöffel gut verrühren. Orangen- und Ananasscheibe am Glasrand dekorieren und die Cocktailkirsche, Trinkhalm sowie Stirer in das Glas geben.

HANGMAN

REZEPTUR: 4 cl Rum dunkel, 2 cl Tia Maria, 2 cl Mandarinensirup, 9 cl Mandarinensaft.

SONSTIGES: Barlöffel, Messbecher, Longdrinkglas, Eiswürfel, Cocktailkirsche auf Stick.

ZUBEREITUNG: Das Longdrinkglas zur Hälfte mit Eiswürfel füllen und die Zutaten einmessen. Mit dem Barlöffel vermischen und mit der Cocktailkirsche garnieren.

HARRY BELAFONTE

REZEPTUR: 4 cl Rum dunkel, 1 cl Tia Maria, 1 cl Lime Juice, 3 Spritzer Grenadinesirup.

SONSTIGES: Shaker, Barlöffel, Messglas, Cocktailglas, Eiswürfel, Cocktailkirsche auf Stick.

ZUBEREITUNG: Eiswürfel in den Shaker geben und die Zutaten einmessen. Kräftig schütteln, in das Cocktailglas abseihen und die Cocktailkirsche dazugeben.

HIGH MOUNTAIN COCKTAIL

REZEPTUR: 3 cl Rum dunkel, 2 cl Tia Maria, 12 cl Ananassaft, 1 Barlöffel Lime Juice.

SONSTIGES: Shaker, Barlöffel, Messglas, Longdrinkglas, Eiswürfel, Ananansscheibe, Cocktailkirsche auf Stick, Trinkhalm.

ZUBEREITUNG: Eiswürfel in den Shaker geben und die Zutaten einmessen. Kräftig schütteln, in das Longdrinkglas abseihen und mit

Ananasscheibe und Cocktailkirsche dekorieren. Trinkhalm in das Glas geben.

HONOLULU

REZEPTUR: 3 cl Rum weiß, 3 cl Rum dunkel, 2 cl Southern Comfort, 6 cl Ananassaft, 1 cl Lime Juice, 2 cl Zitronensaft.

SONSTIGES: Shaker, Barlöffel, Messglas, Longdrinkglas, Eiswürfel, Pfirsichspalte, Trinkhalm.

ZUBEREITUNG: Eiswürfel in den Shaker geben und die Zutaten einmessen. Kräftig schütteln und in das Longdrinkglas abseihen. Die Pfirsichspalte am Glasrand aufsetzen und den Trinkhalm in das Glas geben.

HURRICANE

REZEPTUR: 3 cl Rum dunkel, 3 cl Rum weiß, 2 cl Maracujasirup, 4 cl Ananassaft, 2 cl Orangensaft, 1 cl Limetten- oder Zitronensaft.

SONSTIGES: Shaker, Barlöffel, Messglas, Longdrinkglas, Eiswürfel, Orangenscheibe, Ananasscheibe, Trinkhalm.

ZUBEREITUNG: Eiswürfel in den Shaker geben und die Zutaten einmessen. Kräftig schütteln und in das mit einigen Eiswürfeln gefüllte Longdrinkglas abseihen. Orangen- und Ananasscheibe am Glasrand aufsetzen und den Trinkhalm in das Glas geben.

HURRICANE ANDY

REZEPTUR: 3 cl Rum dunkel, 3 cl Rum weiß, 2 cl Maracujasirup, 2 cl Limetten- oder Zitronensaft, 2 cl Orangensaft, 2 cl Ananassaft.

SONSTIGES: Elektrischer Mixer oder Shaker, Barlöffel, Messglas, Longdrinkglas, gestoßenes Eis, Orangen- und Limettenscheibe, Cocktailkirsche, Trinkhalm.
Gestoßenes Eis in den Mixer oder den Shaker geben und die Zutaten einmessen. Gut vermischen und mit dem Eis in das Longdrinkglas gießen. Orangen- und Limettenscheibe am Glasrand aufsetzen. Cocktailkirsche und Trinkhalm in das Glas geben.

HURRICANE SUZY

REZEPTUR: 6 cl Rum dunkel, 3 cl Limetten- oder Zitronensaft, 2 cl Zuckersirup, 6 cl Ananassaft.

SONSTIGES: Shaker, Barlöffel, Messglas, Longdrinkglas, gestoßenes Eis, Limettenscheibe, Cocktailkirsche, Trinkhalm.

ZUBEREITUNG: Gestoßenes Eis in den Shaker geben und die Zutaten einmessen. Kräftig schütteln und mit dem Eis in das Longdrinkglas gießen. Die Limettenscheibe am Glasrand aufsetzen, Cocktailkirsche und Trinkhalm in das Glas geben.

IREN'S DREAM

REZEPTUR: 3 cl Rum weiß, 3 cl Ananassaft, 1 Barlöffel Grenadinesirup, 1 Spritzer Maraschino.

SONSTIGES: Shaker, Barlöffel, Messglas, Cocktailglas, Eiswürfel, Ananaskeil.

ZUBEREITUNG: Eiswürfel in den Shaker geben und die Zutaten einmessen. Kräftig schütteln, in das Cocktailglas abseihen und den Ananaskeil am Glasrand dekorieren.

JAMAICA COCKTAIL

REZEPTUR: 5 cl Bacardi Gold Label, 2 cl Curacao Triple sec, 1 Barlöffel Lime Juice, 12 cl Ananassaft.

SONSTIGES: Shaker, Barlöffel, Messglas, Longdrinkglas, Eiswürfel, Ananasscheibe, Cocktailkirsche auf Stick, Trinkhalm.

ZUBEREITUNG: Eiswürfel in den Shaker geben und die Zutaten einmessen. Kräftig schütteln und in das Longdrinkglas abseihen. Die Ananasscheibe am Glasrand aufsetzen und die Cocktailkirsche dazustecken. Trinkhalm in das Glas geben.

JAMAICA GOLD

REZEPTUR: 3 cl Rum Couruba 74%, 2 cl Amaretto, 1 Barlöffel Lime Juice, 2 Spritzer Grenadinesirup, 1 Eiweiß, 10 cl Orangensaft.

SONSTIGES: Shaker, Barlöffel, Messglas, Longdrinkglas, Eiswürfel, Orangenscheibe, Trinkhalm.

ZUBEREITUNG: Eiswürfel in den Shaker geben und die Zutaten einmessen. Kräftig schütteln und in das Longdrinkglas abseihen. Die Orangenscheibe am Glasrand dekorieren und den Trinkhalm in das Glas geben.

JAMAICA SUNRISE

REZEPTUR: 4 cl Rum dunkel, 2 cl Curacao Triple sec, 2 cl Zitronensaft, 8 cl Orangensaft, 1 cl Grenadinesirup.

SONSTIGES: Barlöffel, Messglas, großes Longdrinkglas, Eiswürfel, Orangenscheibe, Trinkhalm.

ZUBEREITUNG: Das Longdrinkglas zu 2/3 mit Eiswürfel füllen. Rum, Triple sec und die Säfte einmessen und mit dem Barlöffel umrühren. Den Grenadinesirup über den umgedrehten Barlöffel vorsichtig in das Glas gießen. Mit der Orangenscheibe dekorieren und den Trinkhalm in das Glas geben.

JAMAICA SUNSHINE

REZEPTUR: 5 cl Rum weiß, 2 cl Curacao Triple sec, 12 cl Orangensaft.

SONSTIGES: Shaker, Barlöffel, Messglas, Longdrinkglas, Eiswürfel, Orangenscheibe, Trinkhalm.

ZUBEREITUNG: Eiswürfel in den Shaker geben und die Zutaten einmessen. Kräftig schütteln und in das Longdrinkglas abseihen. Mit der Orangenscheibe am Glasrand dekorieren und den Trinkhalm in das Glas geben.

JAVA COCKTAIL

REZEPTUR: 3 cl Rum Coruba, 1 cl Arrak, 2 cl Bananenlikör.

SONSTIGES: Shaker, Barlöffel, Messglas, Cocktailschale, Eiswürfel, Bananenscheibe.

ZUBEREITUNG: Eiswürfel in den Shaker geben und die Zutaten einmessen. Kräftig schütteln, in die Cocktailschale abseihen und die Bananenscheibe am Glasrand aufsetzen.

JUMP UP AND KISS ME

REZEPTUR: 4 cl Rum weiß, 3 cl Galliano, 4 cl Ananassaft, 1 cl Marillen-/Aprikosenbrandy, 1 Eiweiß.

SONSTIGES: Shaker, Barlöffel, Messglas, Longdrinkglas, Eiswürfel, Ananasscheibe, Cocktailkirsche auf Stick, Trinkhalm.

ZUBEREITUNG: Eiswürfel in den Shaker geben. Die Zutaten einmessen, das Ei abklären und das Eiweiß ebenfalls dazugeben. Kräftig schütteln und in das Longdrinkglas abseihen. Die Ananasscheibe am Glasrand aufsetzen, die Cocktailkirsche dazustecken und den Trinkhalm in das Glas geben.

KARIBISCHER EISVOGEL

REZEPTUR: 4 cl Bacardi Carta blanca, 2 cl Curacao blue, 1 cl Cointreau, 6 cl Ananassaft, 3 cl Coconut Cream, 1 Schuss Obers/Sahne.

SONSTIGES: Shaker, Barlöffel, Messglas, Longdrinkglas, Eiswürfel, Spieß mit Ananasblatt, Ananasstück, Cocktailkirsche.

ZUBEREITUNG: Eiswürfel in den Shaker geben und die Zutaten einmessen. Kräftig schütteln und in das Longdrinkglas abseihen. Mit dem Fruchtspieß dekorieren.

LADY IN PINK

REZEPTUR: 3 cl Rum weiß, 3 cl Wermut rot, 1 Barlöffel Apricot Brandy, 2 Spritzer Grenadinesirup, 1 Barlöffel Zitronensaft.

SONSTIGES: Shaker, Barlöffel, Messglas, Cocktailglas, Eiswürfel, Ananasspalte.

ZUBEREITUNG: Eiswürfel in den Shaker geben und die Ingredienzen einmessen. Kräftig schütteln und in das Cocktailglas abseihen. Die Ananasspalte am Glasrand dekorieren.

LAS VEGAS SUNSET

REZEPTUR: 3 cl Rum weiß, 1 cl Bourbon Whiskey, 1 cl Gin, 1 cl Wodka, 1 cl Crème de Cacao, 1 cl Batida de Coco, Marillen-/Aprikosensaft.

SONSTIGES: Elektrischer Mixer, Barlöffel, Messglas, großes Longdrinkglas, Eiswürfel, Ananaskeil, Cocktailkirsche, Karambolescheibe, Trinkhalm, Stirer.

ZUBEREITUNG: Eiswürfel in den Mixer geben und die Zutaten außer dem Marillen-/Aprikosensaft einmessen. Gut mixen, mit dem Eis in das Longdrinkglas geben und mit Marillen-/Aprikosensaft auffüllen. Ananaskeil und Karambolescheibe am Glasrand aufsetzen und die Cocktailkirsche dazustecken. Trinkhalm und Stirer in das Glas geben.

LITTLE DEVIL

REZEPTUR: 3 cl Rum weiß, 1 cl Bananenlikör, 1 cl Curacao blue, 5 cl Mangosaft.

SONSTIGES: Shaker, Barlöffel, Messglas, Longdrinkglas, gestoßenes Eis, Pfefferminzzweig, Mangokugeln, Trinkhalm.

ZUBEREITUNG: Gestoßenes Eis in den Shaker geben und die Zutaten einmessen. Kräftig schütteln und mit dem Eis in das Longdrinkglas gießen. Den Pfefferminzzweig am Glasrand dekorieren. Die Mangokugeln und den Trinkhalm in das Glas geben.

LONG ISLAND ICED TEA

REZEPTUR: 4 cl Rum dunkel, 2 cl Wodka, 2 cl Gin, 2 cl Curacao Triple sec, 2 cl Tequila, 1 Barlöffel Lime Juice, Coca Cola, Trinkhalm, Stirer.

SONSTIGES: Barlöffel, Messglas, hohes Longdrinkglas, Eiswürfel.

ZUBEREITUNG: Das Glas zur Hälfte mit Eiswürfel füllen und die Zutaten einmessen. Etwas Coca Cola dazugeben, um eine Eistee-Farbe zu erhalten, und leicht umrühren.

MAI TAI 1

REZEPTUR: 6 cl Rum dunkel, 2 cl Cointreau, 1 cl Zuckersirup, 1 cl Mandelsirup, 2 cl Limettensaft.

SONSTIGES: Shaker, Barlöffel, Messglas, Old-Fashioned-Glas, Eiswürfel, gestoßenes Eis, 2 Cocktailkirschen, 2 kurze Trinkhalme.

ZUBEREITUNG: Eiswürfel in den Shaker geben und die Zutaten einmessen. Kräftig schütteln und in das zur Hälfte mit gestoßenem Eis gefüllte Old-Fashioned-Glas abseihen. Cocktailkirschen und Trinkhalme in das Glas geben.

MAI TAI 2

REZEPTUR: 2 cl Rum dunkel, 2 cl Rum weiß, 1 cl Curacao Orange, 2 cl Zitronensaft, 1 cl Zuckersirup, 1 Barlöffel Apricot Brandy.

SONSTIGES: Shaker, Barlöffel, Messglas, Longdrinkglas, Eiswürfel, gestoßenes Eis, Ananasscheibe, Cocktailkirsche, Trinkhalm.

ZUBEREITUNG: Eiswürfel in den Shaker geben und die Zutaten außer dem Apricot Brandy einmessen. Kräftig schütteln und in das zu $^3/_4$ mit gestoßenem Eis gefüllte Longdrinkglas abseihen. Apricot Brandy darüber gießen, die Ananasscheibe am Glasrand dekorieren und die Cocktailkirsche sowie den Trinkhalm in das Glas geben.

MAI TAI 3

REZEPTUR: 6 cl Rum weiß, 3 cl Curacao Triple sec, 1 cl Grenadinesirup, 1 cl Lime Juice, 1 cl Mandelsirup, 1 Barlöffel Zuckersirup, 1 Spritzer Rum Coruba 74%.

SONSTIGES: Shaker, Barlöffel, Messglas, großer Tumbler, Eiswürfel, gestoßenes Eis, Ananasscheibe, 2 Cocktailkirschen, Trinkhalm.

ZUBEREITUNG: Eiswürfel in den Shaker geben und die Zutaten außer dem Coruba Rum einmessen. Kräftig schütteln und in das zu $^1/_3$ mit gestoßenem Eis gefüllte Glas abseihen. Coruba Rum darüber gießen, die Ananasscheibe am Glasrand dekorieren und die Cocktailkirschen sowie den Trinkhalm in das Glas geben.

MAI TAI 4

REZEPTUR: 2 cl Rum dunkel, 2 cl Bacardi Carta blanca, 2 cl Orangensaft, 2 cl Zitronensaft, 1 cl Zuckersirup, 1 Spritzer Apricot Brandy.

SONSTIGES: Shaker, Barlöffel, Messglas, Burgunderglas, Eiswürfel, gestoßenes Eis, $^1/_2$ Ananasscheibe, Orangenscheibe, Cocktailkirsche auf Stick.

ZUBEREITUNG: Eiswürfel in den Shaker geben und die Zutaten außer dem Apricot Brandy einmessen. Kräftig schütteln und in das zur Hälfte mit gestoßenem Eis gefüllte Burgunderglas abseihen. Apricot Brandy über den umgedrehten Barlöffel darüber gießen, Ananas- und Orangenscheibe am Glasrand dekorieren und die Cocktailkirsche dazustecken.

MAI TAI HALF MOON

REZEPTUR: 3 cl Rum dunkel, 3 cl Bacardi Gold Label, 3 cl Rum weiß, 2 cl Tia Maria, 1 Barlöffel, Zuckersirup, 1 Barlöffel Lime Juice.

SONSTIGES: Shaker, Barlöffel, Messglas, Longdrinkglas, Eiswürfel, gestoßenes Eis, Orangenscheibe, Trinkhalm.

ZUBEREITUNG: Eiswürfel in den Shaker geben. Alle Zutaten außer dem Rum dunkel einmessen, kräftig schütteln und in das halb mit gestoßenem Eis gefüllte Glas abseihen. Den Rum dunkel über den verkehrten Barlöffel in das Glas geben, mit der Orangenscheibe dekorieren und den Trinkhalm in das Glas geben.

MALLORCA

REZEPTUR: 3 cl Bacardi Carta blanca, 1 cl Drambuie, 1 cl Wermut dry, 1 cl Bananenlikör.

SONSTIGES: Shaker, Barlöffel, Messglas, Cocktailschale, Eiswürfel, Bananenscheibe.

ZUBEREITUNG: Eiswürfel in den Shaker geben und die Zutaten einmessen. Kräftig schütteln und in die Cocktailschale abseihen. Die Bananenscheibe am Glasrand dekorieren.

MANAN

REZEPTUR: 4 cl Rum Coruba, 2 cl Marillen-/Aprikosenschnaps, 1 cl Zitronensaft, 1 Barlöffel Grenadinesirup.

SONSTIGES: Shaker, Barlöffel, Messglas, Cocktailschale, Eiswürfel, Zitronenscheibe.

ZUBEREITUNG: Eiswürfel in den Shaker geben und die Zutaten

einmessen. Kräftig schütteln, in die Cocktailschale abseihen und mit der Zitronenscheibe dekorieren.

MARACUJA COLADA

REZEPTUR: 2 cl Rum weiß, 4 cl Batida de Coco, 8 cl Maracujasaft.

SONSTIGES: Elektrischer Mixer, Barlöffel, Messglas, Longdrinkglas, zerstoßenes Eis, $^1/_2$ Ananasscheibe, Cocktailkirsche auf Stick, Trinkhalm.

ZUBEREITUNG: Zerstoßenes Eis in den Mixer geben und die Zutaten einmessen. Gut mixen und mit dem Eis in das Longdrinkglas geben. Die $^1/_2$ Ananasscheibe am Glasrand aufsetzen und die Cocktailkirsche dazustecken. Den Trinkhalm in das Glas geben.

MOONLIGHT OVER PUERTO PLATA

REZEPTUR: 4 cl Rum weiß, 2 cl Curacao blue, 4 cl Coconut Cream, 1 cl Amaretto, 4 cl Orangensaft, 1 cl Zitronensaft.

SONSTIGES: Elektrischer Mixer, Barsieb, Barlöffel, Messglas, Longdrinkglas, Eiswürfel, gestoßenes Eis, Orangenscheibe, Cocktailkirsche auf Stick, Trinkhalm.

ZUBEREITUNG: Eiswürfel in den Mixer geben und die Zutaten einmessen. Gut mixen und in das zu $^2/_3$ mit gestoßenem Eis gefüllte Longdrinkglas abseihen. Die Orangenscheibe am Glasrand aufsetzen und die Cocktailkirsche dazustecken. Den Trinkhalm in das Glas geben.

PAPAYA DAIQUIRI

REZEPTUR: 4 cl Bacardi Gold Label, 2 cl Lime Juice, 1 Barlöffel Zuckersirup, 1 Papaya.

SONSTIGES: Elektrischer Mixer, Barlöffel, Messglas, großes Burgunderglas, gestoßenes Eis, Cocktailkirsche.

ZUBEREITUNG: Gestoßenes Eis in den Mixer geben und die Zutaten einmessen. Die Papayafrucht zerkleinern und ebenfalls dazugeben. Gut mixen, und mit dem Eis in das Glas geben. Mit der Cocktailkirsche garnieren.

PINA COLADA 1

REZEPTUR: 4 cl Rum weiß, 3 cl Coconut Cream, 6 cl Ananassaft.

SONSTIGES: Elektrischer Mixer, Barlöffel, Messglas, Burgunderglas, gestoßenes Eis, Ananasspalte mit Blättern, Cocktailkirsche auf Stick, Trinkhalm.

ZUBEREITUNG: Gestoßenes Eis in den Mixer geben, die Zutaten einmessen und gut mixen. Mit dem Eis in das Burgunderglas geben, die Ananasspalte am Glasrand aufsetzen und die Cocktailkirsche dazustecken. Trinkhalm in das Glas geben.

PINA COLADA 2

REZEPTUR: 3 cl Rum dunkel, 3 cl Rum weiß, 2 cl Coconut Cream, 8 cl Ananassaft.

SONSTIGES: Elektrischer Mixer, Barlöffel, Messglas, Fantasieglas, gestoßenes Eis, Ananasspalte mit Blättern, Cocktailkirsche auf Stick, Trinkhalm.

ZUBEREITUNG: Gestoßenes Eis in den Mixer geben, die Zutaten einmessen und gut vermischen. Mit dem Eis in das Fantasieglas leeren, die Ananasspalte am Glasrand dekorieren und die Cocktailkirsche dazustecken. Trinkhalm in das Glas geben.

PINA COLADA HALF MOON

REZEPTUR: 4 cl Rum weiß, 6 cl Coconut Cream, 3 cl Honig, 9 cl Ananasstücke.

SONSTIGES: Elektrischer Mixer, Barlöffel, Messglas, Longdrinkglas, gestoßenes Eis, Ananaskeil, Cocktailkirsche auf Stick, Trinkhalm.

ZUBEREITUNG: Gestoßenes Eis in den Mixer geben, die Zutaten außer dem Rum einmessen und gut mixen. Mit dem Eis in das Longdrinkglas geben und den Rum darüber gießen. Mit dem Barlöffel kräftig umrühren, den Ananaskeil am Glasrand dekorieren und den Cocktailstick dazustecken. Trinkhalm in das Glas geben.

PINA COLADA NATIONAL

REZEPTUR: 4 cl Rum weiß, 4 cl Coconut Cream, 8 cl Ananassaft.

SONSTIGES: Elektrischer Mixer, Messglas, Longdrinkglas, Eiswürfel, Ananaskeil, Cocktailkirsche auf Stick, Trinkhalm.

ZUBEREITUNG: Eiswürfel in den Mixer geben und die Zutaten einmessen. Gut mixen und mit dem Eis in das Longdrinkglas geben. Den Ananaskeil am Glasrand aufsetzen, die Cocktailkirsche dazustecken und den Trinkhalm in das Glas geben.

PINK PUSSY CAT

REZEPTUR: 4 cl Rum weiß, 1 cl Zitronensaft, 2 cl Maracujasaft, 1 cl Wermut bianco, 1 cl Grenadinesirup.

STRAWBERRY MARGARITA

REZEPTUR: 4 cl Tequila, 2 cl Curacao Triple sec, 2 cl Zitronensaft, 2 cl Erdbeersirup, 5 Stück frische Erdbeeren.

SONSTIGES: Elektrischer Mixer, Barlöffel, Barsieb, Messglas, Cocktailschale, Eiswürfel, Kristallzucker, Zitronenviertel, Erdbeere.

ZUBEREITUNG: Das Cocktailglas mit einem Zitronenrand versehen. Eiswürfel in den Mixer geben und die Zutaten einmessen. Gut mixen und mit dem Barsieb in die Cocktailschale abseihen. Zitrone und Erdbeere am Glasrand dekorieren.

TEQUILA SUNRISE 1

REZEPTUR: 6 cl Tequila, 1 cl Zitronensaft, 12 cl Orangensaft, 2 cl Grenadinesirup.

SONSTIGES: Shaker, Barlöffel, Messglas, Longdrinkglas, Eiswürfel, Orangenscheibe, Trinkhalm, Stirer.

ZUBEREITUNG: Eiswürfel in den Shaker geben. Die Zutaten außer dem Grenadinesirup einmessen und kräftig schütteln. In das mit einigen Eiswürfeln gefüllte Longdrinkglas abseihen und den Grenadinesirup vorsichtig darüber gießen. Die Orangenscheibe am Glasrand dekorieren, Trinkhalm und Stirer dazugeben.

SONSTIGES: Shaker, Barlöffel, Messglas, Cocktailschale, Eiswürfel, Maracujaspalte.

ZUBEREITUNG: Eiswürfel in den Shaker geben und die Zutaten einmessen. Kräftig schütteln, in die Cocktailschale abseihen und mit der Maracujaspalte am Glasrand dekorieren.

PLANTER'S PUNCH 1

REZEPTUR: 3 cl Rum dunkel, 3 cl Rum weiß, 3 cl Zitronensaft, 3 cl Orangensaft, 3 cl Ananassaft, 1 cl Grenadinesirup.

SONSTIGES: Shaker, Barlöffel, Messglas, großes Longdrinkglas, Eiswürfel, gestoßenes Eis, Orangenspalte, Cocktailkirsche, Cocktailspieß, Trinkhalm.

ZUBEREITUNG: Eiswürfel in den Shaker geben und die Zutaten außer dem Grenadinesirup einmessen. Kräftig schütteln und in das zur Hälfte mit gestoßenem Eis gefüllte Glas abseihen. Den Grenadinesirup über den umgedrehten Barlöffel eingießen und mit Orangenspalte und Cocktailkirsche dekorieren. Trinkhalm in das Glas geben.

PLANTER'S PUNCH 2

REZEPTUR: 3 cl Bacardi Gold Label, 3 cl Rum weiß, 4 cl Ananassaft, 4 cl Grapefruitsaft, 4 cl Orangensaft, 1 cl Grenadinesirup.

SONSTIGES: Shaker, Barlöffel, Messglas, Eiswürfel, gestoßenes Eis, hohes Longdrinkglas, Ananasspalte mit Blättern, Cocktailkirsche.

ZUBEREITUNG: Eiswürfel in den Shaker geben und die Zutaten einmessen. Kräftig schütteln und in das zur Hälfte mit gestoßenem Eis gefüllte Glas abseihen. Die Ananasspalte am Glasrand dekorieren, Cocktailkirsche und Trinkhalm in das Glas geben.

PLANTER'S PUNCH HALF MOON

REZEPTUR: 6 cl Rum dunkel, 9 cl Ananassaft, 1 cl Lime Juice, 1 Barlöffel Zuckersirup, 1 Spritzer Angosturabitter.

SONSTIGES: Barlöffel, Messglas, Longdrinkglas, gestoßenes Eis, Ananasspalte und Cocktailkirsche auf Stick, Trinkhalm.

ZUBEREITUNG: Das Longdrinkglas zu $^{2}/_{3}$ mit gestoßenem Eis füllen und die Zutaten einmessen. Mit dem Barlöffel vermischen und mit Ananasspalte und Cocktailkirsche garnieren. Trinkhalm in das Glas geben.

PRIDE OF JAMAICA

REZEPTUR: 4 cl Rum Coruba, 1 cl Weinbrand, 1 cl Zitronensaft.

SONSTIGES: Rührglas, Barsieb, Barlöffel, Messglas, Cocktailschale, Eiswürfel, Orangenscheibe.

ZUBEREITUNG: Eiswürfel in das Rührglas geben und die Zutaten einmessen. Kräftig verrühren, in die Cocktailschale abseihen und mit der Orangenscheibe dekorieren.

RED BLAST

REZEPTUR: 4 cl Rum weiß, 2 cl Cherry Brandy, 4 cl Orangensaft, 1 Barlöffel Grenadinesirup, 6 Stück Himbeeren.

SONSTIGES: Elektrischer Mixer, Barlöffel, Messglas, Longdrinkglas, gestoßenes Eis, 2 Himbeeren, Trinkhalm.

ZUBEREITUNG: Gestoßenes Eis in den Mixer geben und die Zutaten einmessen. Gut mixen und mit dem Eis in das Longdrinkglas geben. Die 2 Himbeeren am Glasrand dekorieren und den Trinkhalm in das Glas geben.

ROZITA

REZEPTUR: 4 cl Rum weiß, 3 cl Johannisbeerlikör, Sekt.

SONSTIGES: Shaker, Barlöffel, Messglas, Sektschale, Eiswürfel.

ZUBEREITUNG: Eiswürfel in den Shaker geben. Rum und Johannisbeerlikör einmessen und kräftig schütteln. In die Sektschale abseihen und mit Sekt auffüllen.

RUM FLIP

REZEPTUR: 5 cl Rum dunkel, 1 Eigelb, 2 cl Obers/Sahne 1 Barlöffel Zuckersirup.

SONSTIGES: Shaker, Barlöffel, Messglas, Sektflöte oder Sektkelch, Eiswürfel, Muskatnuss.

ZUBEREITUNG: Eiswürfel in den Shaker geben. Rum, Obers/Sahne und Zuckersirup einmessen. Das Ei abklären und das Eigelb dazugeben. Kurz, aber kräftig schütteln, in das Glas abseihen und mit einer Prise Muskatnuss bestreuen.

RUM PUNCH

REZEPTUR: 4 cl Rum dunkel, 2 cl Rum weiß, 1 Spritzer Orangebitter, 9 cl Ananassaft.

SONSTIGES: Shaker, Barlöffel, Messglas, Longdrinkglas, Eiswürfel, Cocktailkirsche, Trinkhalm.

ZUBEREITUNG: Eiswürfel in den Shaker geben und die Zutaten

einmessen. Kräftig schütteln, in das Longdrinkglas abseihen und mit der Cocktailkirsche garnieren. Trinkhalm in das Glas geben.

RUM SHUTTLE

REZEPTUR: 4 cl Bacardi Gold Label, 1 Barlöffel Erdbeersirup, 3 cl Honig, 1 cl Lime Juice, 6 cl Ananassaft, 6 cl Orangensaft.

SONSTIGES: Shaker, Barlöffel, Messglas, Longdrinkglas, Eiswürfel, Ananas-, Orangenscheibe, Cocktailkirsche, Trinkhalm.

ZUBEREITUNG: Eiswürfel in den Shaker geben und die Zutaten einmessen. Kräftig schütteln und in das Longdrinkglas abseihen. Orangen- und Ananasscheibe am Glasrand dekorieren, Cocktailkirsche und Trinkhalm in das Glas geben.

SAN JUAN FREEZE

REZEPTUR: 4 cl Rum weiß, 3 cl Coconut Cream, 6 cl Orangensaft, $^1/_2$ Banane.

SONSTIGES: Elektrischer Mixer, Barlöffel, Messglas, Longdrinkglas, Eiswürfel, Orangenscheibe, Trinkhalm, Stirer.

ZUBEREITUNG: Eiswürfel in den Mixer geben und die Zutaten einmessen. Die Banane in kleine Stücke schneiden und ebenfalls dazugeben. Gut mixen und mit dem Eis in das Longdrinkglas gießen. Die Orangenscheibe am Glasrand dekorieren, Trinkhalm und Stirer in das Glas geben.

SCORPION 1

REZEPTUR: 4 cl Bacardi Gold Label, 1.5 cl Weinbrand, 4 cl Orangensaft, 2 cl Zitronensaft, 1 cl Orangebitter.

SONSTIGES: Elektrischer Mixer, Barlöffel, Messglas, Longdrinkglas, gestoßenens Eis, Orangenscheibe, Cocktailkirsche, Trinkhalm.

ZUBEREITUNG: Gestoßenes Eis in den Mixer geben und die Zutaten einmessen. Gut mixen und mit dem Eis in das Longdrinkglas geben. Die Orangenscheibe am Glasrand dekorieren, Cocktailkirsche und Trinkhalm in das Glas geben.

SCORPION 2

REZEPTUR: 2 cl Rum weiß, 2 cl Rum dunkel, 2 cl Weinbrand, 2 cl Curacao Triple sec, 2 cl Zitronensaft, 4 cl Orangensaft.

SONSTIGES: Shaker, Barlöffel, Messglas, Longdrinkglas, gestoßenes Eis, Limettenscheibe, Cocktailkirsche auf Stick, Trinkhalm.

ZUBEREITUNG: Gestoßenes Eis in den Shaker geben und die Zutaten einmessen. Kräftig schütteln und mit dem Eis in das Longdrinkglas gießen. Die Limettenscheibe am Glasrand aufsetzen und die Cocktailkirsche dazustecken.

STRAWBERRY COLADA

REZEPTUR: 6 cl Rum weiß, 2 cl Zitronensaft, 10 cl Ananassaft, 2 cl Erdbeersirup, 4 cl Cream of Coconut.

SONSTIGES: Elektrischer Mixer, Barlöffel, Messglas, großes Longdrinkglas, gestoßenes Eis, 2 Erdbeeren, Trinkhalm.

ZUBEREITUNG: Gestoßenes Eis in den Mixer geben und die Zutaten einmessen. Gut mixen und mit dem Eis in das Longdrinkglas geben. Die Erdbeeren am Glasrand dekorieren und den Trinkhalm in das Glas geben.

STRAWBERRY DAIQUIRI

REZEPTUR: 4 cl Bacardi Gold Label, 2 cl Lime Juice, 1 Barlöffel Zuckersirup, frische Erdbeeren.

SONSTIGES: Elektrischer Mixer, Barlöffel, Messglas, gestoßenes Eis, großes Burgunderglas, 2 Erdbeeren.

ZUBEREITUNG: Gestoßenes Eis in den Mixer geben und die Zutaten einmessen. Die Erdbeeren etwas zerkleinern und ebenfalls dazugeben. Gut mixen und mit dem Eis in das Glas geben. Die 2 Erdbeeren am Glasrand dekorieren.

SUMMER TIME

REZEPTUR: 3 cl Rum dunkel, 3 cl Amaretto, Vanilleeis.

SONSTIGES: Shaker, Barlöffel, Messglas, Eiswürfel, Sektschale, Unterteller, Kaffeelöffel.

ZUBEREITUNG: Eiswürfel in den Shaker geben. Rum und Amaretto einmessen und kräftig schütteln. In die Sektschale abseihen und einen Löffel Vanilleeis dazugeben. Mit Unterteller und Kaffeelöffel servieren.

SUNSET

REZEPTUR: 4 cl Rum dunkel, 1 Barlöffel Lime Juice, 6 cl Ananassaft, 6 cl Orangensaft, 1 Barlöffel Erdbeersirup.

SONSTIGES: Barlöffel, Messglas, hohes Longdrinkglas, Eiswürfel, Cocktailkirsche auf Stick.

ZUBEREITUNG: Das Longdrinkglas zu $^3/_4$ mit Eiswürfel füllen. Die Zutaten außer dem Erdbeersirup einmessen. Den Erdbeersirup über den umgedrehten Barlöffel vorsichtig in die Mitte des Glases gießen. Leicht umrühren, mit der Cocktailkirsche garnieren und den Trinkhalm in das Glas geben.

SWIMMING POOL

REZEPTUR: 4 cl Rum weiß, 2 cl Wodka, 2 cl Curacao blue, 2 cl Coconut Cream, 6 cl Ananassaft, 2 cl Obers/Sahne.

SONSTIGES: Elektrischer Mixer, Barlöffel, Messglas, Longdrinkglas, Eiswürfel, Ananasscheibe, Trinkhalm.

ZUBEREITUNG: Eiswürfel in den Mixer geben und die Zutaten einmessen. Gut mixen und mit dem Eis in das Longdrinkglas geben. Die Ananasscheibe am Glasrand dekorieren und den Trinkhalm in das Glas geben.

TONIS FATA MORGANA

REZEPTUR: 4 cl Rum weiß, 2 cl Malibu, 1 cl Limetten- oder Zitronensaft, 6 cl Ananassaft.

SONSTIGES: Shaker, Barlöffel, Messglas, Longdrinkglas, Eiswürfel, Ananasscheibe, Cocktailkirsche auf Stick, Trinkhalm, Stirer.

ZUBEREITUNG: Eiswürfel in den Shaker geben und die Zutaten einmessen. Kräftig schütteln und in das mit einigen Eiswürfeln gefüllte Longdrinkglas abseihen. Die Ananasscheibe am Glasrand aufsetzen und die Cocktailkirsche dazustecken. Trinkhalm und Stirer in das Glas geben.

TROPICAL DREAM

REZEPTUR: 4 cl Rum weiß, 2 cl Bananenlikör, 2 cl Tia Maria, 2 cl Coconut Cream, 4 cl Orangensaft, 2 cl Obers/Sahne.

SONSTIGES: Elektrischer Mixer, Barlöffel, Messglas, Eiswürfel, gestoßenes Eis, Orangenscheibe, Trinkhalm.

ZUBEREITUNG: Eiswürfel in den Mixer geben und die Zutaten einmessen. Gut mixen und in das zu $^2/_3$ mit gestoßenem Eis gefüllte Longdrinkglas abseihen. Die Orangenscheibe am Glasrand dekorieren und den Trinkhalm in das Glas geben.

WELCOME TO BERMUDA

REZEPTUR: 4 cl Meyers's Rum, 2 cl Bananenlikör, 8 cl Orangensaft, 1 Spritzer Galliano.

SONSTIGES: Shaker, Barlöffel, Messglas, Longdrink- oder Fantasieglas, Eiswürfel, gestoßenes Eis, Karambolescheibe, Ananasspalte mit Blättern, Cocktailkirsche auf Stick, Trinkhalm.

ZUBEREITUNG: Eiswürfel in den Shaker geben und die Zutaten einmessen. Kräftig schütteln und in das zu $^2/_3$ mit gestoßenem Eis gefüllte Glas abseihen. Ananasspalte und Karambolescheibe am Glasrand dekorieren. Cocktailkirsche zur Ananasspalte dazustecken und den Trinkhalm in das Glas geben.

WINDSOR COCKTAIL

REZEPTUR: 2 cl Rum Coruba, 2 cl Orangensaft, 2 cl Grenadinesirup.

SONSTIGES: Shaker, Barlöffel, Messglas, Cocktailschale, Eiswürfel, Orangenscheibe.

ZUBEREITUNG: Eiswürfel in den Shaker geben und die Zutaten einmessen. Kräftig schütteln, in die Cocktailschale abseihen und die-Orangenscheibe am Glasrand dekorieren.

YELLOW BIRD

REZEPTUR: 3 cl Rum dunkel, 3 cl Rum weiß, 1 cl Galliano, 3 cl Orangensaft, 4 cl Ananassaft, 1 Schuss Bananenlikör.

SONSTIGES: Shaker, Barlöffel, Messglas, Longdrinkglas, Eiswürfel, Orangenscheibe, Ananasscheibe, Trinkhalm, Stirer.

ZUBEREITUNG: Eiswürfel in den Shaker geben und die Zutaten außer dem Bananenlikör einmessen. Kräftig schütteln, mit dem Eis in das Longdrinkglas geben und den Bananenlikör vorsichtig darüber gießen. Ananas- und Orangenscheibe am Glasrand aufsetzen und den Trinkhalm in das Glas geben.

YELLOW BIRD HALF MOON

REZEPTUR: 4 cl Bacardi Gold Label, 2 cl Tia Maria, 2 cl Crème de Bananes, 12 cl Orangensaft.

SONSTIGES: Barlöffel, Messglas. Longdrinkglas, Eiswürfel, Orangenscheibe, Cocktailkirsche, Trinkhalm.

ZUBEREITUNG: Eiswürfel in das Longdrinkglas geben und die Zutaten einmessen. Gut umrühren, die Orangenscheibe am Glasrand aufsetzen, Cocktailkirsche und Trinkhalm in das Glas geben.

ZOMBIE

REZEPTUR: 4 cl Rum dunkel, 4 cl Rum weiß, 2 cl Coruba 74%, 2 cl

Cointreau, 2 cl Grenadinesirup, 2 cl Maracujasirup, 4 cl Orangensaft, 4 cl Ananassaft, 3 cl Zitronensaft.

SONSTIGES: Shaker, Barlöffel, Messglas, Longdrinkglas, Eiswürfel, gestoßenes Eis, Ananaskeil, Cocktailkirsche, Minzenzweig, Trinkhalm.

ZUBEREITUNG: Eiswürfel in den Shaker geben und die Zutaten einmessen. Kräftig schütteln und in das zu $^{3}/_{4}$ mit gestoßenem Eis gefüllte Longdrinkglas abseihen. Mit dem Barlöffel umrühren und den Ananaskeil am Glasrand dekorieren. Trinkhalm und Minzenzweig in das Glas geben.

ZOMBIE HALF MOON

REZEPTUR: 6 cl Coruba 74%, 3 cl Bacardi Gold Label, 6 cl Orangensaft, 6 cl Ananassaft, 3 cl Rum dunkel.

SONSTIGES: Barlöffel, Messglas, großes Burgunderglas, Eiswürfel, Orangen-, Ananasscheibe, Trinkhalm.
Eiswürfel in das Glas geben und die Zutaten außer dem dunklen Rum einmessen. Mit dem Barlöffel gut verrühren und den dunklen Rum vorsichtig darüber gießen. Orangen- und Ananasscheibe am Glasrand dekorieren. Den Trinkhalm in das Glas geben.

TEQUILA-BASIS

ACAPULCO

REZEPTUR: 3 cl Tequila, 2 cl Liquore Strega, 2 cl Zitronensaft.

SONSTIGES: Shaker, Barlöffel, Messglas, Cocktailglas, Eiswürfel, Zitronenscheibe.

ZUBEREITUNG: Eiswürfel in den Shaker geben und die Zutaten einmessen. Kräftig schütteln und in das Cocktailglas abseihen. Die Zitronenscheibe am Glasrand dekorieren.

ACAPULCO DREAM

REZEPTUR: 3 cl Tequila, 1 cl Rum dunkel, 10 cl Ananassaft, 4 cl Grapefruitsaft.

SONSTIGES: Shaker, Barlöffel, Messglas, Longdrinkglas, Eiswürfel, Ananasscheibe, Trinkhalm.

ZUBEREITUNG: Eiswürfel in den Shaker geben und die Zutaten einmessen. Kräftig schütteln und in das Longdrinkglas abseihen. Die Ananasscheibe am Glasrand dekorieren und den Trinkhalm in das Glas geben.

BANANA MARGARITA

REZEPTUR: 4 cl Tequila, 2 cl Curacao Triple sec, 2 cl Bananensirup oder Bananenlikör, 2 cl Zitronensaft, $^1/_2$ Banane.

SONSTIGES: Elektrischer Mixer, Barlöffel, Messglas, Sektschale, gestoßenes Eis, Bananenscheibe, 2 kurze Trinkhalme.

ZUBEREITUNG: Gestoßenes Eis in den Mixer geben und die Zutaten einmessen. Gut mixen und mit dem Eis in der Mitte der Sektschale aufhäufen. Die Bananenscheibe am Glasrand dekorieren und die Trinkhalme in das Glas geben.

BLUE MEXICO

REZEPTUR: 2 cl Tequila, 1 cl Galliano, 1 cl Curacao blue, 2 cl Obers/Sahne.

SONSTIGES: Shaker, Barlöffel, Messglas, Cocktailglas, Eiswürfel.

ZUBEREITUNG: Eiswürfel in den Shaker geben und die Zutaten einmessen. Kurz, aber kräftig schütteln und in das Cocktailglas abseihen.

BLUE MONDAY

REZEPTUR: 4 cl Tequila, 2 cl Drambuie, 1 cl Curacao blue, 2 cl Zitronensaft, Bitter Lemon.

SONSTIGES: Shaker, Barlöffel, Messglas, Longdrinkglas, Eiswürfel, Zitronenscheibe, Trinkhalm.

ZUBEREITUNG: Eiswürfel in den Shaker geben und die Zutaten außer dem Bitter Lemon einmessen. Kräftig schütteln, in das Longdrinkglas abseihen und mit Bitter Lemon auffüllen. Die Zitronenscheibe am Glasrand dekorieren und den Trinkhalm in das Glas geben.

BLUE SEA

REZEPTUR: 4 cl Tequila, 2 cl Cointreau, 1 cl Curacao blue, 4 cl Grapefruitsaft, Tonic Water.

SONSTIGES: Shaker, Barlöffel, Messglas, Longdrinkglas, Eiswürfel, Orangenscheibe, 2 Cocktailkirschen, Trinkhalm, Stirer.

ZUBEREITUNG: Eiswürfel in den Shaker geben und die Zutaten

außer dem Tonic Water einmessen. Kräftig schütteln, in das mit einigen Eiswürfeln gefüllte Longdrinkglas abseihen und mit Tonic Water aufgießen. Die Orangenscheibe am Glasrand dekorieren, die Cocktailkirschen, Trinkhalm und Stirer in das Glas geben.

BLUE TEQUILA FIZZ

REZEPTUR: 4 cl Tequila, 3 cl Zitronensaft, 2 cl Zuckersirup, 1 cl Curacao blue, Sodawasser.

SONSTIGES: Shaker, Barlöffel, Messglas, Old-Fashioned-Glas, Eiswürfel, Zitronenscheibe, Trinkhalm.

ZUBEREITUNG: Eiswürfel in den Shaker geben und die Zutaten außer dem Sodawasser einmessen. Kräftig schütteln und mit den Eiswürfeln in das Old-Fashioned-Glas gießen. Mit Sodawasser auffüllen, die Zitronenscheibe am Glasrand aufsetzen und den Trinkhalm in das Glas geben.

BRAVE BULL

REZEPTUR: 2 cl Tequila, 2 cl Kahlúa oder Tia Maria, 2 cl Obers/Sahne.

SONSTIGES: Shaker, Barlöffel, Messglas, Cocktailschale, Eiswürfel.

ZUBEREITUNG: Eiswürfel in den Shaker geben und die Zutaten einmessen. Kurz, aber kräftig schütteln und in die Cocktailschale abseihen.

CARAMBA

REZEPTUR: 4 cl Tequila, 5 cl Grapefruitsaft, 2 Barlöffel Zuckersirup, Tonic Water.

SONSTIGES: Shaker, Barlöffel, Messglas, Longdrinkglas, Eiswürfel, Grapefruitspalte, Trinkhalm.

ZUBEREITUNG: Eiswürfel in den Shaker geben und die Zutaten außer Tonic Water einmessen. Kräftig schütteln, in das Longdrinkglas abseihen und mit Tonic Water auffüllen. Die Grapefruitspalte am Glasrand aufsetzen.

DIAMAND COZUMEL

REZEPTUR: 3 cl Tequila, 2 cl Curacao blue, 1 cl Maraschino, 2 cl Zitronensaft, Bitter Orange.

SONSTIGES: Shaker, Barlöffel, Messglas, großes Longdrinkglas, Eiswürfel, Kaktusfeigenspalte, Trinkhalm.

ZUBEREITUNG: Eiswürfel in den Shaker geben und die Zutaten außer Bitter Orange einmessen. Kräftig schütteln, in das Longdrinkglas abseihen und mit Bitter Orange auffüllen. Die Kaktusfeigenspalte am Glasrand aufsetzen und den Trinkhalm in das Glas geben.

EL CAPITANO

REZEPTUR: 4 cl Tequila, 2 cl Amaretto, 1 cl Obers/Sahne.

SONSTIGES: Shaker, Barlöffel, Messglas, Cocktailschale, Eiswürfel, Schokoladenraspel.

ZUBEREITUNG: Eiswürfel in den Shaker geben und die Zutaten einmessen. Kurz, aber kräftig schütteln und in die Cocktailschale abseihen. Mit Schokoladenraspel bestreuen.

EL CHICO

REZEPTUR: 4 cl Tequila, 1 cl Curacao weiß, 1 cl Limettensirup.

SONSTIGES: Shaker, Barlöffel, Messglas, niedriger Tumbler, Eiswürfel.

ZUBEREITUNG: Eiswürfel in den Shaker geben und die Zutaten einmessen. Kurz schütteln und in den Tumbler abseihen.

EL DIABLO

REZEPTUR: 4 cl Tequila, 2 cl Crème de Cassis, 2 cl Zitronensaft, Ginger Ale.

SONSTIGES: Shaker, Barlöffel, Messglas, Longdrinkglas, Eiswürfel, Zitronenscheibe, Trinkhalm.

ZUBEREITUNG: Eiswürfel in den Shaker geben und die Zutaten außer dem Ginger Ale einmessen. Kräftig schütteln, in das Longdrinkglas abseihen und mit Ginger Ale auffüllen. Die Zitronenscheibe am Glasrand dekorieren und den Trinkhalm in das Glas geben.

GREEN PARROT

REZEPTUR: 4 cl Tequila, 2 cl Curacao blue, 2 cl Maracujasirup.

SONSTIGES: Shaker, Barlöffel, Messglas, Cocktailglas, Eiswürfel, Zitronenscheibe.

ZUBEREITUNG: Eiswürfel in den Shaker geben und die Zutaten einmessen. Kräftig schütteln und in das Cocktailglas abseihen. Die Zitronenscheibe am Glasrand dekorieren.

HOLLYWOOD

REZEPTUR: 2 cl Tequila, 2 cl Galliano, 1 cl Bananenlikör, 8 cl Orangensaft.

SONSTIGES: Shaker, Barlöffel, Messglas, Old-Fashioned-Glas, Eiswürfel, $^1/_2$ Marille/Aprikose, 2 Cocktailkirschen auf Stick.

ZUBEREITUNG: Eiswürfel in den Shaker geben und die Zutaten einmessen. Kräftig schütteln und mit den Eiswürfeln in das Old-Fashioned-Glas gießen. Die Marille/Aprikose am Glasrand dekorieren und die Cocktailkirschen über das Glas legen.

JALISCO BABY

REZEPTUR: 4 cl Tequila, 6 cl Mangosaft, 6 cl Bananensaft, 3 cl Obers/Sahne.

SONSTIGES: Shaker, Barlöffel, Messglas, Longdrinkglas, Eiswürfel, Zitronenscheibe, Bananenscheibe, Minzenblatt, Trinkhalm.

ZUBEREITUNG: Eiswürfel in den Shaker geben und die Zutaten einmessen. Kräftig schütteln und in das Longdrinkglas abseihen. Das Minzenblatt in die Bananenscheibe stecken und diese zusammen mit der Zitronenscheibe am Glasrand aufstecken.

LATIN LOVER

REZEPTUR: 2 cl Tequila, 2 cl Cachaca, 2 cl Zitronensaft, 1 cl Lime Juice, 8 cl Orangensaft, 2 cl Mangosirup.

SONSTIGES: Shaker, Barlöffel, Messglas, Longdrinkglas, Eiswürfel, Orangenscheibe, Trinkhalm.

ZUBEREITUNG: Eiswürfel in den Shaker geben und die Zutaten einmessen. Kräftig schütteln und mit den Eiswürfeln in das Longdrinkglas gießen. Die Orangenscheibe am Glasrand aufsetzen und den Trinkhalm in das Glas geben.

MEXICAN SUNSET

REZEPTUR: 3 cl Tequila, 2 cl Cointreau, 3 cl Orangensaft, 1 cl Zitronensaft. 1 cl Mandelsirup.

SONSTIGES: Shaker, Barlöffel, Messglas, Old-Fashioned-Glas, Eiswürfel, Zitronenscheibe, Cocktailkirsche auf Stick, kurzer Trinkhalm.

ZUBEREITUNG: Eiswürfel in den Shaker geben und die Zutaten einmessen. Kräftig schütteln und in das mit einigen Eiswürfeln gefüllte Old-Fashioned-Glas abseihen. Die Zitronenscheibe am Glasrand aufsetzen und die Cocktailkirsche dazustecken.

MEXICAN SURPRISE

REZEPTUR: 4 cl Tequila, 1 cl Zitronensaft, 1 cl Johannisbeerlikör, 1 Barlöffel Grenadinesirup, Sodawasser.

SONSTIGES: Shaker, Barlöffel, Messglas, Longdrinkglas, Eiswürfel, Zitronenscheibe, Trinkhalm, Stirer.

ZUBEREITUNG: Eiswürfel in den Shaker geben und die Zutaten außer dem Sodawasser einmessen. Kräftig schütteln, in das mit einigen Eiswürfeln gefüllte Longdrinkglas abseihen und mit Sodawasser auffüllen. Die Zitronenscheibe am Glasrand dekorieren, Trinkhalm und Stirer in das Glas geben.

MEXICANA

REZEPTUR: 4 cl Tequila, 8 cl Ananassaft, 2 cl Zitronensaft, 1 cl Grenadinesirup.

SONSTIGES: Shaker, Barlöffel, Messglas, Longdrinkglas, Eiswürfel, Ananasscheibe, Cocktailkirsche auf Stick, Trinkhalm.

ZUBEREITUNG: Eiswürfel in den Shaker geben und die Zutaten einmessen. Kräftig schütteln und mit den Eiswürfeln in das Longdrinkglas gießen. Die Ananasscheibe am Glasrand aufsetzen, die Cocktailkirsche dazustecken und den Trinkhalm in das Glas geben.

MICHELANGELO

REZEPTUR: 3 cl Tequila, 2 cl Galliano, 2 cl Curacao Triple sec, 1 cl Lime Juice, 8 cl Orangensaft, Eigelb.

SONSTIGES: Shaker, Barlöffel, Messglas, Longdrinkglas, Eiswürfel, Trinkhalm.

ZUBEREITUNG: Eiswürfel in den Shaker geben und die Zutaten einmessen. Das Ei abklären und das Eigelb ebenfalls dazugeben. Kräftig schütteln und mit den Eiswürfeln in das Longdrinkglas gießen. Den Trinkhalm in das Glas geben.

MONTENEGRO DREAM

REZEPTUR: 2 cl Tequila, 2 cl Kahlúa Likör, 2 cl Obers/Sahne.

SONSTIGES: Shaker, Barlöffel, Messglas, Cocktailglas, Eiswürfel, Kiwischeibe, Cocktailkirsche auf Stick.

ZUBEREITUNG: Eiswürfel in den Shaker geben und die Zutaten einmessen. Kräftig schütteln und in das Cocktailglas abseihen. Die Kiwischeibe am Glasrand und die Cocktailkirsche am Glas dekorieren.

MONTEZUMA

REZEPTUR: 5 cl Tequila, 1 cl Cointreau, 1 cl Bananenlikör, 4 cl Orangensaft, 4 cl Ananassaft, 2 cl Bananensirup.

SONSTIGES: Shaker, Barlöffel, Messglas, Longdrinkglas, Eiswürfel, Orangenscheibe, Cocktailkirsche auf Stick, Trinkhalm, Stirer.

ZUBEREITUNG: Eiswürfel in den Shaker geben und die Zutaten einmessen. Kräftig schütteln und in das mit einigen Eiswürfeln gefüllte Longdrinkglas abseihen. Die Orangenscheibe am Glasrand aufsetzen und die Cocktailkirsche dazustecken. Trinkhalm und Stirer in das Glas geben.

PLAYACAR SPEZIAL

REZEPTUR: 3 cl Tequila, 2 cl Curacao blue, 1 cl Maraschino, 2 cl Zitronensaft, $^1/_2$ Eiweiß, Bitter Lemon.

SONSTIGES: Shaker, Barlöffel, Messglas, Longdrinkglas, Eiswürfel, Zitronenscheibe, 2 Cocktailkirschen, Trinkhalm.

ZUBEREITUNG: Eiswürfel in den Shaker geben. Das Ei abklären. Das $^1/_2$ Eiweiß mit Tequila, Curacao blue, Maraschino und Zitronensaft einmessen und kurz, aber kräftig schütteln. In das Longdrinkglas abseihen und mit Bitter Lemon auffüllen. Die Zitronenscheibe am Glasrand dekorieren, Cocktailkirschen und Trinkhalm in das Glas geben.

SILK STOCKINGS

REZEPTUR: 2 cl Tequila, 2 cl Crème de Cacao weiß, 2 cl Obers/Sahne, 1 Spritzer Grenadinesirup.

SONSTIGES: Shaker, Barlöffel, Messglas, Cocktailglas, Eiswürfel, Kakaopulver.

ZUBEREITUNG: Den Shaker zu $^1/_3$ mit Eiswürfel füllen. Die Zutaten einmessen und kurz, aber kräftig schütteln. In das Cocktailglas abseihen und mit einer Prise Kakaopulver bestreuen.

STRAWBERRY MARGARITA

REZEPTUR: 4 cl Tequila, 2 cl Curacao Triple sec, 2 cl Zitronensaft, 2 cl Erdbeersirup, 5 Stück frische Erdbeeren.

SONSTIGES: Elektrischer Mixer, Barlöffel, Barsieb, Messglas, Cocktailschale, Eiswürfel, Kristallzucker, Zitronenviertel, Erdbeere.

ZUBEREITUNG: Das Cocktailglas mit einem Zitronenrand versehen. Eiswürfel in den Mixer geben und die Zutaten einmessen. Gut mixen und mit dem Barsieb in die Cocktailschale abseihen. Zitrone und Erdbeere am Glasrand dekorieren.

SWEET LIZA

REZEPTUR: 4 cl Tequila, 2 cl Zitronensaft, 1 Esslöffel Honig.

SONSTIGES: Shaker, Barlöffel, Messglas, Cocktailglas, Eiswürfel, Zitronenspalte.

ZUBEREITUNG: Eiswürfel in den Shaker geben und die Zutaten einmessen. Kräftig schütteln und in das Cocktailglas abseihen. Die Zitronenspalte am Glasrand aufsetzen.

TEQUILA DAISY

REZEPTUR: 4 cl Tequila, 1 cl Zitronensaft, 1 cl Grenadinesirup, Sodawasser.

SONSTIGES: Shaker, Barlöffel, Messglas, Old-Fashioned-Glas, Eiswürfel, Orangenscheibe, 3 Cocktailkirschen, 2 kurze Trinkhalme.

ZUBEREITUNG: Eiswürfel in den Shaker geben und die Zutaten außer Sodawasser einmessen. Kräftig schütteln und in das Old-Fashioned-Glas abseihen. Die Orangenscheibe am Glasrand aufsetzen, die Cocktailkirschen und die Trinkhalme in das Glas geben.

TEQUILA SOUR

REZEPTUR: 5 cl Tequila, 3 cl Zitronensaft, 2 cl Zuckersirup, Sodawasser.

SONSTIGES: Shaker, Barlöffel, Messglas, Rotwein- oder Old-Fashioned-Glas, Eiswürfel, Cocktailkirsche, kurzer Trinkhalm.

ZUBEREITUNG: Eiswürfel in den Shaker geben. Die Zutaten außer dem Sodawasser einmessen und kräftig schütteln. In das Glas abseihen und einen Schuss Sodawasser dazugeben. Die Cocktailkirsche am Glasrand aufsetzen und den Trinkhalm in das Glas geben.

TEQUILA SUNRISE 1

REZEPTUR: 6 cl Tequila, 1 cl Zitronensaft, 12 cl Orangensaft, 2 cl Grenadinesirup.

SONSTIGES: Shaker, Barlöffel, Messglas, Longdrinkglas, Eiswürfel, Orangenscheibe, Trinkhalm, Stirer.

ZUBEREITUNG: Eiswürfel in den Shaker geben. Die Zutaten außer dem Grenadinesirup einmessen und kräftig schütteln. In das mit einigen Eiswürfeln gefüllte Longdrinkglas abseihen und den Grenadinesirup vorsichtig darüber gießen. Die Orangenscheibe am Glasrand dekorieren, Trinkhalm und Stirer dazugeben.

TEQUILA SUNRISE 2

REZEPTUR: 4 cl Tequila, 2 cl Cointreau, 1 cl Lime Juice, 1 cl Grenadinesirup, Orangensaft.

SONSTIGES: Barlöffel, Messglas, Longdrinkglas, Eiswürfel, Orangenscheibe, Cocktailkirsche auf Stick, Trinkhalm.

ZUBEREITUNG: Das Longdrinkglas zu $^2/_3$ mit Eiswürfel füllen. Tequila, Cointreau und Lime Juice darauf gießen und mit dem Barlöffel umrühren. Mit Orangensaft auffüllen. Den Grenadinesirup vorsichtig über den verkehrt gehaltenen Barlöffel in das Glas gießen. Die Orangenscheibe am Glasrand aufsetzen und die Cocktailkirsche dazustecken.

TEXAS FIZZ

REZEPTUR: 4 cl Tequila, 2 cl Zitronensaft, 2 Barlöffel Zuckersirup, 1 Spritzer Orange Bitter, 1 ganzes Eiweiß, Sodawasser.

SONSTIGES: Shaker, Barlöffel, Messglas, Longdrinkglas, Eiswürfel, Trinkhalm.

ZUBEREITUNG: Eiswürfel in den Shaker geben und die Zutaten außer dem Sodawasser einmessen. Das Ei abklären und das Eiweiß ebenfalls dazugeben. Kräftig schütteln und mit den Eiswürfeln in das Longdrinkglas gießen. Mit Sodawasser auffüllen und den Trinkhalm in das Glas geben.

TIJUANA BRASS BAND

REZEPTUR: 4 cl Tequila, 2 cl Galliano, 1 cl Lime Juice, 2 cl Zitronensaft, 6 cl Orangensaft.

SONSTIGES: Shaker, Barlöffel, Messglas, Longdrinkglas, Eiswürfel, Orangenscheibe, Trinkhalm.

ZUBEREITUNG: Eiswürfel in den Shaker geben und die Zutaten einmessen. Kräftig schütteln und mit den Eiswürfeln in das Longdrinkglas gießen. Die Orangenscheibe am Glasrand dekorieren und den Trinkhalm in das Glas geben.

UP IN THE SKY

REZEPTUR: 2 cl Tequila, 1 cl Galliano, 1 cl Curacao blue, 2 cl Obers/Sahne.

SONSTIGES: Shaker, Barlöffel, Messglas, Cocktailglas.

ZUBEREITUNG: Eiswürfel in den Shaker geben und die Zutaten einmessen. Kurz, aber kräftig schütteln und in das Cocktailglas abseihen.

VIKING CLUB

REZEPTUR: 4 cl Tequila, 2 cl Apricot Brandy, 1 Barlöffel Orangensaft, 1 Barlöffel Zitronensaft.

SONSTIGES: Shaker, Barlöffel, Messglas, Cocktailglas, Eiswürfel, Orangenscheibe, Cocktailkirsche auf Stick.

ZUBEREITUNG: Eiswürfel in den Shaker geben und die Zutaten einmessen. Kräftig schütteln und in das Cocktailglas abseihen. Die Orangenscheibe am Glasrand aufsetzen und die Cocktailkirsche dazustecken.

VIKING SPEZIAL

REZEPTUR: 4 cl Tequila, 2 cl Apricot Brandy, 1 Barlöffel Zitronensaft, 1 cl Orangensaft.

SONSTIGES: Shaker, Barlöffel, Messglas, Cocktailglas, Eiswürfel, Orangenscheibe, Cocktailkirsche auf Stick.

ZUBEREITUNG: Eiswürfel in den Shaker geben. Die Zutaten einmessen und kräftig schütteln. In das Cocktailglas abseihen, die Orangenscheibe am Glasrand aufsetzen und die Cocktailkirsche dazustecken.

VIVA MEXICO

REZEPTUR: 3 cl Tequila, 1 cl Erdbeersirup, 6 cl Grapefruitsaft, 4 cl Orangensaft, 4 cl Pfirsichsaft.

SONSTIGES: Shaker, Barlöffel, Messglas, Longdrinkglas, Eiswürfel, Erdbeere, Cocktailspieß, Trinkhalm.

ZUBEREITUNG: Tequila und Erdbeersirup in das Longdrinkglas gießen und leicht umrühren. Eiswürfel in den Shaker geben und die restlichen Zutaten einmessen. Kräftig schütteln und in das Glas abseihen. Die Erdbeere auf den Cocktailspieß stecken und über das Glas legen. Den Trinkhalm in den Drink geben.

KIR ROYAL

REZEPTUR: 2 cl Crème de Cassis, Sekt.

SONSTIGES: Barlöffel, Sektkelch.

ZUBEREITUNG: Crème de Cassis mit dem Barlöffel in das Glas gießen und mit gut gekühltem Sekt auffüllen. Kurz umrühren.

BELLINI

REZEPTUR: 4 cl Pfirsichmark oder Pfirsichnektar, Sekt.

SONSTIGES: Barlöffel, Messglas,Sektkelch.

ZUBEREITUNG: Pfirsichmark oder Pfirsichnektar in die Sekttulpe einmessen und mit gut gekühltem Sekt auffüllen.

AIRPORT

REZEPTUR: 2 cl Wodka, 2 cl Apricot Brandy, 1 cl Maraschino, 1 cl Zitronensaft, Sekt.

SONSTIGES: Shaker, Barlöffel, Messglas, Sektschale, Eiswürfel, $^1/_2$ Orangenscheibe, Cocktailkirsche auf Stick.

ZUBEREITUNG: Eiswürfel in den Shaker geben und die Zutaten außer dem Sekt einmessen. Kräftig schütteln und in die Sektschale abseihen. Die $^1/_2$ Orangenscheibe am Glasrand aufsetzen und die Cocktailkirsche dazustecken.

AMERICAN GLORY

REZEPTUR: 2 cl Cointreau, 4 cl Orangensaft, 1 Barlöffel Grenadinesirup, Sekt oder Champagner.

SONSTIGES: Barlöffel, Messglas, Sektkelch, gestoßenes Eis, $^1/_2$ Orangenscheibe, Trinkhalm.

ZUBEREITUNG: Den Sektkelch zu $^1/_3$ mit gestoßenem Eis füllen. Cointreau, Orangensaft und Grenadinesirup darauf gießen und mit dem Barlöffel vorsichtig umrühren. Mit Sekt oder Champagner auffüllen, die $^1/_2$ Orangenscheibe am Glasrand aufstecken und den Trinkhalm in das Glas geben.

BANANA BOAT

REZEPTUR: 2 cl Pisang Ambon, 3 cl Grapefruitsaft, Sekt.

SONSTIGES: Shaker, Barlöffel, Messglas, Sektschale, Eiswürfel, Zitronenscheibe.

ZUBEREITUNG: Eiswürfel in den Shaker geben, Pisang Ambon und Grapefruitsaft einmessen. Kräftig schütteln, in die Sektschale abseihen und mit Sekt auffüllen. Die Orangenscheibe am Glasrand dekorieren.

BELLINI

REZEPTUR: 4 cl Pfirsichmark oder Pfirsichnektar, Sekt.

SONSTIGES: Barlöffel, Messglas,Sektkelch.

ZUBEREITUNG: Pfirsichmark oder Pfirsichnektar in die Sekttulpe einmessen und mit gut gekühltem Sekt auffüllen.

BLUE SKY

REZEPTUR: 1 cl Curacao Triple sec, 1 cl Kariblue, 2 cl Zitronensaft, Sekt.

SONSTIGES: Shaker, Barlöffel, Messglas, Sektschale, Eiswürfel, Cocktailkirsche auf Stick.

ZUBEREITUNG: Eiswürfel in den Shaker geben und die Zutaten außer dem Sekt einmessen. Kräftig schütteln, in die Sektschale abseihen und mit Sekt auffüllen. Die Cocktailkirsche in das Glas geben.

CARIBBEAN CHAMPAGNE

REZEPTUR: 2 cl Coconut Cream, 2 cl Bananenlikör, 1 Spritzer Orange Bitter, Sekt oder Champagner

SONSTIGES: Rührglas, Barsieb, Barlöffel, Messglas, Sekttulpe, Eiswürfel, gestoßenes Eis.

ZUBEREITUNG: Eiswürfel in das Rührglas geben und die Zutaten außer dem Sekt oder Champagner einmessen. Gut umrühren und in die mit etwas gestoßenem Eis gefüllte Sekttulpe abseihen. Mit Sekt oder Champagner auffüllen.

CARIBBEAN SUN

REZEPTUR: 2 cl Quebrada de Maracuja, 2 cl Orangensaft, 2 cl Grapefruitsaft, Sekt.

SONSTIGES: Shaker, Barlöffel, Messglas, Sektschale, Eiswürfel, Orangenscheibe, Cocktailkirsche auf Stick.

ZUBEREITUNG: Eiswürfel in den Shaker geben und die Zutaten außer dem Sekt einmessen. Kräftig schütteln, in die Sektschale abseihen und mit Sekt auffüllen.Die Orangenscheibe am Glasrand aufsetzen und die Cocktailkirsche dazustecken.

CHAMPAGNER COCKTAIL

REZEPTUR: 1 Stück Würfelzucker, 2 Spritzer Angosturabitter, Sekt oder Champagner.

SONSTIGES: Sektschale oder Sektkelch, Zitronenschale.

ZUBEREITUNG: Würfelzucker in das Glas geben und mit Angosturabitter tränken. Mit Sekt oder Champagner auffüllen, die Zitronenschale über dem Glas ausdrücken damit die ätherischen Öle hineintropfen und dem Drink beifügen.

CHAMPAGNER DAISY

REZEPTUR: 2 cl Chartreuse gelb, 1 cl Grenadinesirup, 1 cl Zitronensaft, Sekt.

SONSTIGES: Shaker, Barlöffel, Messglas, Cocktailschale, 1 Erdbeere.

ZUBEREITUNG: Eiswürfel in den Shaker geben und die Zutaten außer dem Sekt einmessen. Kräftig schütteln, in die Cocktailschale abseihen und den Sekt hinzufügen. Die Erdbeere einschneiden am Glasrand dekorieren.

CHRISTINA

REZEPTUR: 2 cl Crème de Cassis, 4 cl Apfelnektar, Sekt oder Champagner.

SONSTIGES: Rührglas, Barsieb, Barlöffel, Messglas, Sekttulpe, Eiswürfel, gestoßenes Eis, Apfelspalte.

ZUBEREITUNG: 2 Barlöffel gestoßenes Eis in die Sekttulpe geben. Crème de Cassis und Apfelnektar im Rührglas vermischen und in die Sekttulpe abseihen. Mit gut gekühltem Sekt oder Champagner auffüllen und die Apfelspalte in das Glas geben.

FRAMBOISE ROYAL

REZEPTUR: 2 cl Himbeerlikör, Sekt.

SONSTIGES: Barlöffel, Messglas, Sektkelch.

ZUBEREITUNG: Himbeerlikör in das Glas gießen und danach mit gut gekühltem Sekt auffüllen. Kurz umrühren.

FRENCH LADY

REZEPTUR: 4 cl Bénédictine, 2 Spritzer Angosturabitter, Sekt oder Champagner.

SONSTIGES: Barlöffel, Messglas, Sektkelch, Zitronenspirale.

ZUBEREITUNG: Bénédictine und Angosturabitter direkt in den Sektkelch gießen und mit Sekt oder Champagner auffüllen. Die Zitronenspirale in das Glas hängen.

GREEN RIVER

REZEPTUR: 2 cl Pisang Ambon, 2 cl Orangensaft, Sekt.

SONSTIGES: Rührglas, Barsieb, Barlöffel, Messglas, Sektschale,Eiswürfel, gestoßenes Eis.

ZUBEREITUNG: Eiswürfel in das Rührglas geben, Pisang Ambon und Orangensaft einmessen. Gut verrühren und in die mit etwas gestoßenem Eis gefüllte Sektschale abseihen. Mit gut gekühltem Sekt auffüllen.

HAPPY SMILE

REZEPTUR: 3 cl Apricot Brandy, 2 cl Orangensaft, 2 Spritzer Orange Bitter, Sekt.

SONSTIGES: Shaker, Barlöffel, Messglas, Sektschale, Eiswürfel, Orangenscheibe.

ZUBEREITUNG: Eiswürfel in den Shaker geben und die Zutaten außer dem Sekt einmessen. Kräftig schütteln, in das Glas abseihen und mit Sekt auffüllen. Die Orangenscheibe am Glasrand dekorieren.

JOHANNISBEER-SPUMA

REZEPTUR: 3 cl Crème de Cassis, 3 cl Johannisbeersaft, 3 cl Obers/Sahne, 3 cl Eierlikör oder 1 Eigelb, Sekt.

SONSTIGES: Shaker, Barlöffel, Messglas, Ballonglas, Eiswürfel, 2 Johannisbeeren.

ZUBEREITUNG: Eiswürfel in den Shaker geben und die Zutaten außer dem Sekt einmessen. Bei Verwendung eines Eis, dieses abklären und das Eigelb ebenfalls beifügen. Gut schütteln, in das Ballonglas abseihen und mit gekühltem Sekt auffüllen. Die Johannisbeeren einschneiden und am Glasrand aufsetzen.

KIR IMPERIAL

REZEPTUR: 2 cl Amaretto, Sekt.

SONSTIGES: Barlöffel, Messglas, Sektkelch.

ZUBEREITUNG: Amaretto in den Sektkelch gießen und mit gekühltem Sekt auffüllen. Kurz umrühren.

KIR ROYAL

REZEPTUR: 2 cl Crème de Cassis, Sekt.

SONSTIGES: Barlöffel, Sektkelch.

ZUBEREITUNG: Crème de Cassis mit dem Barlöffel in das Glas gießen und mit gut gekühltem Sekt auffüllen. Kurz umrühren.

KIWI FLOWER

REZEPTUR: 4 cl Kiwilikör, 8 cl Sekt.

SONSTIGES: Messglas, Sektschale.

ZUBEREITUNG: Zuerst den gekühlten Sekt in das Glas gießen und dann den Kiwilikör dazugeben.

KIWI SPEZIAL

REZEPTUR: 4 cl Kiwilikör, 1 cl Zitronensaft, Sekt.

SONSTIGES: Barlöffel, Messglas, Longdrinkglas, Kiwischeibe.

ZUBEREITUNG: Kiwilikör und Zitronensaft in das Londrinkglas einmessen und mit Sekt auffüllen. Die Kiwischeibe am Glasrand dekorieren.

KIWIKIKI

REZEPTUR: 2 cl Sunstrand Kiwi, 1 cl Zitronensaft, Sekt.

SONSTIGES: Messglas, Sektglas, Kiwischeibe.

ZUBEREITUNG: Sunstrand Kiwi und Zitronensaft in das Sektglas einmessen und mit Sekt auffüllen. Die Kiwischeibe am Glasrand dekorieren.

LUCIEN

REZEPTUR: 3 cl Pfirsichlikör, 1 Spritzer Orange Bitter, Sekt.

SONSTIGES: Rührglas, Barsieb, Barlöffel, Messglas, Sekttulpe oder Sektkelch, Eiswürfel, 1 Orangenspalte.

ZUBEREITUNG: Eiswürfel in das Rührglas geben und die Zutaten außer dem Sekt einmessen. Gut verrühren, in das Glas abseihen und den Sekt beifügen. Die Orangenspalte in das Glas geben.

PÊCHE ROYAL

REZEPTUR: 2 cl Pfirsichlikör, Sekt.

SONSTIGES: Barlöffel, Messglas, Sektkelch.

ZUBEREITUNG: Pfirsichlikör in den Sektkelch gießen und mit gut gekühltem Sekt auffüllen. Kurz umrühren.

RED KISS

REZEPTUR: 2 cl Cherry Brandy, 4 cl Ananassaft, Sekt.

SONSTIGES: Shaker, Barlöffel, Messglas, Sektschale, Eiswürfel, 2 Ananasstücke, 2 Cocktailkirschen, Cocktailstick.

ZUBEREITUNG: Eiswürfel in den Shaker geben und die Zutaten außer dem Sekt einmessen. Kräftig schütteln, in das Glas abseihen und mit Sekt auffüllen. Ananasstücke und Cocktailkirschen abwechselnd auf den Cocktailstick stecken und in das Glas legen.

SOUTH OF THE BORDER

REZEPTUR: 4 cl Southern Comfort, 2 cl Orangensaft, Sekt oder Champagner.

SONSTIGES: Messglas, Sektschale oder Sektkelch.

ZUBEREITUNG: Southern Comfort und Orangensaft in die Sektschale gießen und mit gut gekühltem Sekt oder Champagner auffüllen.

SPARKLING CARIBBEAN

REZEPTUR: 2 cl Rum weiß, 1 cl Bananenlikör, Sekt oder Champagner.

SONSTIGES: Barlöffel, Messglas, Sektkelch, Bananenscheibe.

ZUBEREITUNG: Rum und Bananenlikör direkt in den Sektkelch gießen und mit dem Barlöffel vorsichtig umrühren. Mit Sekt oder Champagner auffüllen und die Bananenscheibe am Glasrand dekorieren.

SPARKLING STRAWBERRY

REZEPTUR: 1 cl Apricot Brandy, 2 cl Erdbeersirup, 4 cl Ananassaft, Sekt.

SONSTIGES: Shaker, Barlöffel, Messglas, Sektkelch, Eiswürfel, 1 Erdbeere.

ZUBEREITUNG: Eiswürfel in den Shaker geben und die Zutaten außer dem Sekt einmessen. Kräftig schütteln, in den Sektkelch abseihen und mit Sekt auffüllen. Die Erdbeere einschneiden und am Glasrand aufsetzen.

SUNSTRAND KIWI

REZEPTUR: 2 cl Sunstrand Kiwi, Sekt.

SONSTIGES: Barlöffel, Messglas, Sektkelch.

ZUBEREITUNG: Sunstrand Kiwi mit dem Barlöffel in den Sektkelch geben und mit Sekt auffüllen. Leicht umrühren.

SUNSTRAND ROYAL APRICOT

REZEPTUR: 2 cl Sunstrand Apricot, Sekt.

SONSTIGES: Barlöffel, Messglas, Sektkelch

ZUBEREITUNG: Sunstrand Apricot mit dem Barlöffeln in den Sektkelch geben und mit Sekt auffüllen. Leicht umrühren.

SUNSTRAND ROYAL CHERRY

REZEPTUR: 2 cl Sunstrand Cherry, Sekt.

SONSTIGES: Barlöffel, Messglas, Sektkelch.

ZUBEREITUNG: Sunstrand Cherry mit dem Barlöffel in den Sektkelch geben und mit Sekt auffüllen. Leicht umrühren.

TESTAROSSA

REZEPTUR: 4 cl Himbeermark, Sekt.

SONSTIGES: Barlöffel, Messglas, Sekttulpe oder Sektkelch.

ZUBEREITUNG: Himbeermark mit dem Barlöffel in die Sekttulpe oder Sektkelch geben und mit Sekt aufüllen.

TGV-COCKTAIL

REZEPTUR: 2 cl Apricot Brandy, 2 cl Curacao weiß, 4 cl Maracujasaft, 2 Spritzer Limettensaft, Sekt oder Champagner.

SONSTIGES: Shaker, Barlöffel, Messglas, Sektschale, Eiswürfel, Limettenscheibe, Cocktailkirsche auf Stick.

ZUBEREITUNG: Eiswürfel in den Shaker geben und die Zutaten außer dem Schaumwein einmessen. Kräftig schütteln, in die Sektschale abseihen und mit Sekt oder Champagner auffüllen. Die Limettenscheibe am Glasrand aufsetzen und die Cocktailkirsche dazustecken.

BOWLEN

ANANASBOWLE (für 12 Personen)

REZEPTUR: 1 große frische Ananas $^1/_{16}$ l Zuckersirup, $^1/_8$ l Apricot Brandy, $^1/_8$ l Weinbrand, 1 Flasche trockener Weißwein, $^1/_2$ Flasche Sekt.

SONSTIGES: Bowlenschüssel, Bowlengläser, Kaffeelöffel oder Cocktailspieße.

ZUBEREITUNG: Die Ananas in mundgerechte Stücke schneiden und am Boden der Bowlenschüssel auflegen. Apricot Brandy, Weinbrand, Wein und Zuckersirup darüber geben und im Kühlschrank 2 Stunden ziehen lassen. Vor dem Servieren mit dem Sekt aufgießen und mit den Kaffeelöffeln servieren.

BIERBOWLE (für ca. 8 Personen)

REZEPTUR: 1/4 l Sherry trocken, 1/8 l Weinbrand, 2 Esslöffel Kristallzucker, 1 Prise Muskatnuss, Saft 1 Zitrone, 1 Flasche Pils, 1 Flasche trockener Sekt.

SONSTIGES: Bowlenschüssel, Bowlengläser.

ZUBEREITUNG: Sherry, Weinbrand, Zitronensaft und Bier in das Bowlengefäß geben. Mit dem Zucker und der Muskatnuss bestreuen und ca. 1 Stunde im Kühlschrank ziehen lassen. Vor dem Servieren den Sekt dazugeben.

FEUERZANGENBOWLE (für ca. 14 Personen)

REZEPTUR: 1/4 l Orangensaft, 1/8 l Zitronensaft, 2 l Rotwein, 2 Zimtstangen, Gewürznelken, 1 Zuckerhut, 1/2 l Rum 60 %.

SONSTIGES: Feuerzangentopf, Gläser mit Henkel, Feuerzange, Schöpfer.

ZUBEREITUNG: Den Rotwein, die Säfte und die Gewürze in dem Feuerzangentopf erhitzen. Den Zuckerhut auf die Feuerzange legen, mit einem Teil des Rums tränken und anzünden. Nach und nach den restlichen Rum mit dem Schöpfer über den Zucker gießen, bis er geschmolzen und in den Wein getropft ist.

FRÜCHTEBOWLE (für ca. 30 Personen)

REZEPTUR: 1 Ananas, 1 kg Kiwis, 2 l trockener Weißwein, 1 l trockener Sekt, Staubzucker, 10 cl Cointreau. Es können je nach Jahreszeit verschiedene Früchte verwendet werden.

SONSTIGES: Bowlenschüssel, Bowlengläser, Messglas, Kaffeelöffel oder Cocktailspieße.

ZUBEREITUNG: Schneiden Sie die Früchte in kleine Stücke und legen Sie diese in die Bowlenschüssel. Die Früchte mit Staubzucker bestreuen und den Cointreau darüber gießen. Das ganze 2 Stunden im Kühlschrank ziehen lassen, den gut gekühlten Weißwein dazugeben und kalt stellen. Vor dem Service den Sekt beifügen und mit den Kaffeelöffeln servieren.

KALTE ENTE (für 16 Personen)

REZEPTUR: 2 Zitronen, 1 Flasche trockener Weißwein, 1 Flasche Sekt, 1 Mineralwasser oder Sodawasser.

SONSTIGES: Bowlenschüssel oder Kalte-Ente-Krug, Bowlengläser.

ZUBEREITUNG: Die Zitronen gut abwaschen, spiralenförmig schälen und in das Bowlengefäß hängen. Den eisgekühlten Weißwein eingießen und ca. 15 Minuten marinieren lassen. Sekt und Mineral- oder Sodawasser beifügen.

KIWIBOWLE (für ca. 10 Personen)

REZEPTUR: 8 Kiwis, Saft von 4 Zitronen, $^1/_8$ l weißer Rum, 6 cl Weinbrand, 1 l Weißwein, $^1/_2$ Flasche Sekt.

SONSTIGES: Bowlenschüssel, Bowlengläser, Messglas, Kaffeelöffel oder Cocktailspieße.

ZUBEREITUNG: Die Kiwis schälen, in Scheiben schneiden und am Boden der Bowlenschüssel auflegen. Rum, Weinbrand und Zitronensaft einmessen und 2 Stunden im Kühlschrank marinieren lassen. Vor dem Servieren mit dem Wein und dem Sekt aufgießen.

MANGOBOWLE (für ca. 12 Personen)

REZEPTUR: 8 cl Apricot Brandy, 6 cl Rum dunkel, Saft von 2 Orangen, Saft von 1 Zitrone, 3 Esslöffel Kristallzucker, 3 reife Mangos, $1^1/_2$ Flaschen trockener Weißwein, 1 Flasche trockener Sekt.

SONSTIGES: Bowlenschüssel, Bowlengläser, Kaffeelöffel oder Cocktailspieße.

ZUBEREITUNG: Die Mangos schälen, das Fruchtfleisch in mundgerechte Stücke schneiden und am Boden der Bowlenschüssel auflegen. Apricot Brandy, Rum und die Säfte dazugeben und 2 Stunden im Kühlschrank ziehen lasssen. Den Weißwein beifügen und noch einmal 1 Stunde kalt stellen. Mit dem Sekt aufgießen und servieren.

MELONENBOWLE (für ca. 30 Personen)

REZEPTUR: 3 Zuckermelonen, 3 l Pfirsichsaft, Erdbeersirup, Zucker.

SONSTIGES: Elektrischer Mixer, Bowlenschüssel, Bowlengläser, Eiswürfel, Kaffeelöffel.

ZUBEREITUNG: Von einer Melone stechen Sie kleine Melonenkugeln aus und geben diese mit dem Pfirsichsaft in die Bowlenschüssel. Eiswürfel in den Mixer geben, die restlichen Früchte, Erdbeersirup und Zucker dazugeben und gut mixen. Den Inhalt des Mixers in die Bowlenschüssel geben und Eiswürfel hinzufügen.

PARADIESBOWLE (für 20 Personen)

REZEPTUR: 1 l Weißwein, 1 Flasche Sekt, $^1/_8$ l Bananenlikör, $^1/_8$ l Apricot Brandy, $^1/_8$ l Ananassaft, 1 frische Ananas, 1 Banane, 15 Stück Marillen/Aprikosen, 15 Stück Erdbeeren, 3 Stück Pfirsiche, 3 Stück Äpfel.

SONSTIGES: Bowlenschüssel, Bowlengläser, Kaffeelöffel oder Cocktailspieße.

ZUBEREITUNG: Die Früchte waschen, in mundgerechte Stücke schneiden und am Boden der Bowlenschüssel auflegen. Bananenlikör, Apricot Brandy, Ananassaft und Weißwein darauf gießen und im Kühlschrank 2 Stunden marinieren lassen. Vor dem Servieren mit Sekt auffüllen.

PFIRSICH-ERDBEER-BOWLE (für ca. 30 Personen)

REZEPTUR: 1 kg Pfirsiche frisch oder aus der Dose, $^1/_4$ kg Erdbeeren, Erdbeersirup, 2 l trockener Weißwein, 1 l trockener Sekt.

SONSTIGES: Elektrischer Mixer, Bowlenschüssel, Bowlengläser, Eiswürfel.

ZUBEREITUNG: Eiswürfel, Früchte und Erdbeersirup in den Mixer geben. Gut mixen und in der Bowlenschüssel mit dem gut gekühlten Weißwein aufgießen. Die Bowle ca. 2 Stunden kalt stellen und vor dem Servieren mit dem ebenfalls gekühlten Sekt aufgießen.

RHEINWEINBOWLE (für ca. 12 Personen)

REZEPTUR: 2 Orangen, 5 Ananasscheiben (frisch oder aus der Dose) 4 Gurkenscheiben, Gewürznelken, 3 Esslöffel Kristallzucker, 10 cl Maraschino, 10 cl Curacao Triple sec, 3 Flaschen Weißwein.

SONSTIGES: Bowlenschüssel, Bowlengläser, Kaffeelöffel oder Cocktailspieße.

ZUBEREITUNG: Die Orangen schälen und filetieren. Mit den Gurken- und den Ananasscheiben sowie den Gewürznelken in die Bowlenschüssel geben, mit dem Zucker bestreuen und die Spirituosen darüber gießen. Etwa 2 Stunden im Kühlschrank marinieren lassen. Vor dem Servieren den Weißwein dazugeben.

SANGRIA (für 16 Personen)

REZEPTUR: $^1/_4$ l Orangensaft, $^1/_4$ l Zitronensaft, 2 Flaschen Rotwein, 150 g Kristallzucker, 5 Orangen, 5 Zitronen.

SONSTIGES: Bowlenschüssel, Bowlengläser, Kaffeelöffel oder Cocktailspieße.

ZUBEREITUNG: Orangen und Zitronen in Scheiben schneiden und in die Bowlenschüssel geben. Den Zucker darüber streuen, Orangen-, Zitronensaft und den Rotwein beifügen. Im Kühlschrank 2 Stunden ziehen lassen. Mit den Kaffeelöffeln servieren.

SANGRIA MARBELLA (für 16 Personen)

REZEPTUR: 10 cl Weinbrand, 10 cl Apricot Brandy, 10 cl Orangensaft, 10 cl Zitronensaft, 10 cl Zuckersirup, 2 Flaschen Rotwein, 4 Orangen, 4 Zitronen, 4 Äpfel, 4 Orangenspiralen, 4 Zitronenspiralen.

SONSTIGES: Bowlenschüssel, Bowlengläser, Kaffeelöffel oder Cocktailspieße.

ZUBEREITUNG: Die Früchte in mundgerechte Stücke schneiden und am Boden der Bowlenschüssel auflegen. Spirituosen, Säfte, Zuckersirup und Rotwein darüber gießen und 2 Stunden im Kühlschrank marinieren lassen. Die Orangen-und Zitronenspiralen in die Bowlenschüssel hängen.

TRAUBENBOWLE (für 15 Personen)

REZEPTUR: 1 kg Weintrauben, $^{1}/_{8}$ l Weinbrand, $^{1}/_{8}$ l Curacao Triple sec, $^{1}/_{4}$ l Traubensaft, 1 l Weißwein, 1 Flasche trockener Sekt.

SONSTIGES: Bowlenschüssel, Bowlengläser, Kaffeelöffel oder Cocktailspieße.

ZUBEREITUNG: Die Weintrauben waschen, halbieren und am Boden der Bowlenschüssel auflegen. Weinbrand, Triple sec und Weißwein dazugeben und 2 Stunden im Kühlschrank marinieren lassen. Vor dem Servieren mit Sekt aufgießen.

WALDBEERENBOWLE (für ca. 30 Personen)

REZEPTUR: $^{1}/_{8}$ l Grand Marnier, $^{1}/_{8}$ l Cognac oder Weinbrand, 1 l frischer Orangensaft, 2 l trockener Weißwein, 1 l trockener Sekt, $^{1}/_{2}$ kg Waldfrüchte gemischt, Staubzucker.

SONSTIGES: Bowlenschüssel, Bowlengläser, Kaffeelöffel oder Cocktailspieße.

Die Früchte am Boden der Bowlenschüssel auflegen. Mit Zucker bestreuen, Grand Marnier und Cognac darüber gießen und 2–4 Stunden im Kühlschrank ziehen lassen. Weißwein und Orangensaft dazugeben und kalt stellen. Vor dem Service den Sekt beifügen und mit den Kaffeelöffeln servieren.

AUTUMN LEAF

REZEPTUR: 3 cl Limettensirup, 1 Flasche Weizenbier.

SONSTIGES: Bierschale, Messglas, Limettenscheibe.

ZUBEREITUNG: Sirup und Bier in die Bierschale gießen und die Limettenscheibe dazugeben.

BERLINER WEISSE

REZEPTUR: 3 cl Himbeersirup, 1 Flasche Berliner Weiße oder anderes Weizenbier.

SONSTIGES: Große Bierschale (Berliner Molle) Barlöffel, Messglas, Zitronenscheibe.

ZUBEREITUNG: Den Sirup und das Bier in die spezielle Bierschale gießen. Mit der Zitronenscheibe garnieren.

BLACK VELVET

REZEPTUR: 10 cl dunkles Bier, 10 cl Sekt.

SONSTIGES: Biertulpe, Messglas.

ZUBEREITUNG: Bier und Sekt gleichzeitig in die Biertulpe gießen.

GLORIA

REZEPTUR: 3 cl Grenadinesirup, 1 Flasche helles Lagerbier.

SONSTIGES: Bierschale, Messglas.

ZUBEREITUNG: Den Sirup und danach das Bier in die Bierschale gießen.

GOLDEN DOLPHIN

REZEPTUR: Je zur Hälfte helles Lagerbier und Orangensaft.

SONSTIGES: Biertulpe, Barlöffel.

ZUBEREITUNG: Bier und Orangensaft in die Biertulpe gießen und mit dem Barlöffel leicht umrühren.

GOLDEN VELVET

REZEPTUR: 10 cl helles Lagerbier, 10 cl Sekt

SONSTIGES: Bierstange, Messglas.

ZUBEREITUNG: Bier und Sekt gleichzeitig in die Bierstange gießen.

RADLERMASS

REZEPTUR: Je zur Hälfte Lagerbier und Orangenlimonade.

SONSTIGES: Biertulpe.

ZUBEREITUNG: Bier und Orangenlimonade gleichzeitig in die Biertulpe gießen.

SHANDY

REZEPTUR: Je zur Hälfte helles Lagerbier und Zitronen- oder Limettenlimonade.

SONSTIGES: Biertulpe.

ZUBEREITUNG: Bier und Limonade gleichzeitig in die Biertulpe gießen.

TULIP

REZEPTUR: 2 cl Genever, 1 Flasche helles Lagerbier.

REZEPTUR: Biertulpe, Messglas.

ZUBEREITUNG: Genever in die Biertulpe einmessen und mit dem Bier auffüllen.

HEISSE GETRÄNKE

BRANDY GROG

REZEPTUR: 4 cl Weinbrand, 2 cl Zitronensaft, 2 cl Curacao Triple sec, heißes Wasser.

SONSTIGES: Feuerfestes Glas, Zitronenscheibe mit Gewürznelken gespickt, Zimtstange.

ZUBEREITUNG: Weinbrand, Zitronensaft und Curacao Triple sec in das Glas geben, umrühren und mit heißem Wasser auffüllen. Die gespickte Zitronenscheibe und die Zimtstange beifügen.

BRANDY PUNCH

REZEPTUR: 3 cl Weinbrand, 3 cl Zuckersirup, 2 cl Zitronensaft, 6 cl Orangensaft, Wasser.

SONSTIGES: Messglas, feuerfestes Glas, Kochtopf, Pfefferminzblätter, Cocktailkirschen, Unterteller, Limonadenlöffel.

ZUBEREITUNG: Die Zutaten erhitzen und in das feuerfeste Glas gießen. Cocktailkirschen und Pfefferminzblätter dazugeben.

CARIBIC PUNCH

REZEPTUR: 3 cl Rum dunkel, 2 cl Cognac, 2 cl Zitronensaft, 2 cl Ananassaft, 2 Barlöffel Zuckersirup, heißes Wasser.

SONSTIGES: Barlöffel, Messglas, Punsch-oder Teeglas, Ananasscheibe, Unterteller, Kaffeelöffel.

ZUBEREITUNG: Rum, Cognac, Zitronensaft, Ananassaft sowie den Zuckersirup in das Punschglas geben. Die Zutaten gut verrühren, mit heißem Wasser aufgießen und die Ananasscheibe am Glasrand aufsetzen. Mit Unterteller und Kaffeelöffel servieren.

CHARLOTTE

REZEPTUR: 2 cl Weinbrand, 2 cl Baileys Irish Cream, 2 cl Crème de Cacao weiß, 1 Tasse heiße Schokolade, Schlagobers/Schlagsahne.

SONSTIGES: Schokoladentasse, Kaffeelöffel, Pfefferminzzweig.

ZUBEREITUNG: Eine heiße Schokolade zubereiten. Den Weinbrand und die Liköre dazugeben. Die Schlagobershaube/Schlagsahnehaube aufsetzen und mit dem Pfefferminzzweig garnieren.

COLONEL GROG

REZEPTUR: 4 cl Bourbon Whiskey, 2 cl Zitronensaft, 2 cl Zuckersirup, heißes Wasser.

SONSTIGES: Feuerfestes Glas, Messglas, Zitronenscheibe mit Gewürznelken gespickt, Zimtstange, Unterteller.

ZUBEREITUNG: Whiskey mit Zitronensaft und Zuckersirup in das feuerfeste Glas geben, umrühren und mit heißem Wasser auffüllen. Die gespickte Zitronenscheibe und die Zimtstange dazugeben.

GEWÜRZPUNSCH (für ca. 10 Personen)

REZEPTUR: 1/4 l Inländer- oder Pott Rum, 1 Flasche Rotwein, Gewürznelken, Zimtstange, Ingwer, 1 Zitrone, 1/8 l schwarzer Tee, 1/8 l Wasser.

SONSTIGES: Feuerfeste Gläser, Sieb, Kochtopf.

ZUBEREITUNG: Die gewaschene Zitrone schälen, halbieren und den Saft auspressen. Die Zitronenschale, den Zitronensaft und die übrigen Zutaten in einem Topf erhitzen und kurz aufkochen lassen. Den Punsch durch das Sieb in die Gläser abseihen.

HOT BUTTER RUM

REZEPTUR: 4 cl Rum dunkel, 2 Barlöffel Zuckersirup, 2 Gewürznelken, 1 Stück Butter, heißes Wasser.

SONSTIGES: Barlöffel, Messglas, Punsch-oder Teeglas, Geriebene Muskatnuss, Unterteller, Kaffeelöffel.

ZUBEREITUNG: Rum, Zucker und Gewürznelken in das Teeglas geben. Mit heißem Wasser auffüllen, 1 Stück Butter einrühren und mit Muskatnuss bestreuen. Mit Unterteller und Kaffeelöffel servieren.

IRISH COFFEE

REZEPTUR: 4 cl Irish Whiskey, $^1/_8$ l heißer Kaffee, 2 Barlöffel brauner Zucker, halbgeschlagenes Schlagobers/Sahne.

SONSTIGES: Irish-Coffee-Glas, Messglas, Barlöffel, Unterteller, Brenner.

ZUBEREITUNG: Whiskey in das Glas messen und den Zucker dazugeben. Das Glas so lange über der Flamme des Brenners drehen, bis sich der Zucker aufgelöst hat. Das Glas mit der Öffnung über die Flamme halten, bis der Alkohol brennt. Mit Kaffee ablöschen und das halbgeschlagene Obers/Schlagsahne vorsichtig über den Rücken des Barlöffels dazugeben, so dass es sich nicht mit dem Kaffee vermischt.

MANDARINEN-TEE-PUNSCH

REZEPTUR: 4 cl Mandarinenlikör, 2 cl Weinbrand, 4 cl Mandarinen- oder Orangensaft, 8 cl schwarzer Tee.

SONSTIGES: Feuerfestes Glas, Mandarinenspalte mit Gewürznelken gespickt, Kaffeelöffel.

ZUBEREITUNG: Alle Zutaten erhitzen und in das feuerfeste Glas gießen. Die gespickte Mandarinenspalte dazugeben. Mit Kaffeelöffel servieren.

NACHMITTAGSPUNSCH (für ca. 10 Personen)

REZEPTUR: $^1/_2$ l weißer Portwein, $^1/_2$ l Rum, $^1/_2$ l Kaffee, Würfelzucker.

SONSTIGES: Feuerfeste Gläser, Kochtopf.

ZUBEREITUNG: Kaffee, Portwein und Rum erhitzen. Zucker nach Geschmack dazugeben und immer wieder umrühren, bis sich der Zucker aufgelöst hat.

RÜDESHEIMER KAFFEE

REZEPTUR: 4 cl Asbach Uralt, 3 Stück Würfelzucker, Schlagobers/Schlagsahne, Kaffee.

SONSTIGES: Rüdesheimer Becher, Streichhölzer, Barlöffel, Schokoladenspäne, Warmwasserbad.

ZUBEREITUNG: Den Asbach Uralt in das Warmwasserbad stellen. Die Tasse vorwärmen, den Weinbrand einmessen und den Würfelzucker dazugeben. Den Asbach mit einem langen Streichholz anzünden und mit dem Barlöffel umrühren, so dass der Alkohol zum Teil verbrennt und der Zucker sich auflöst. Mit Kaffee ablöschen, eine Schlagobershaube/Schlagsahnehaube aufsetzen und mit den Schokoladenspänen bestreuen. Man serviert den Rüdesheimer Kaffee ohne Löffel und Trinkhalm.

STEAMLOK

REZEPTUR: 2 cl Curacao weiß, 2 Barlöffel Zuckersirup, 2 Barlöffel Honig, 1 ganzes Eigelb, heißer Rotwein.

SONSTIGES: Barlöffel, Messglas, Punsch-oder Teeglas, Zitronenscheibe, Unterteller, Kaffeelöffel.

ZUBEREITUNG: Das Ei abklären und das Eigelb in das Glas geben. Curacao weiß, Zuckersirup und Honig beigeben und gut durchrühren. Mit heißem Rotwein auffüllen und die Zitronenscheibe am Glasrand aufsetzen. Mit Unterteller und Kaffeelöffel servieren.

LIKÖR-BASIS

AMORE

REZEPTUR: 3 cl Amaretto, 3 cl Galliano, 3 cl Ananassaft, 1 cl Zitronensaft, Ginger Ale.

SONSTIGES: Shaker, Barlöffel, Messglas, Longdrinkglas, Eiswürfel, Ananasspalte, Trinkhalm.

Irish Coffee
Irish Coffee

RÜDESHEIMER KAFFEE

REZEPTUR: 4 cl Asbach Uralt, 3 Stück Würfelzucker, Schlagobers/Schlagsahne, Kaffee.

SONSTIGES: Rüdesheimer Becher, Streichhölzer, Barlöffel, Schokoladenspäne, Warmwasserbad.

ZUBEREITUNG: Den Asbach Uralt in das Warmwasserbad stellen. Die Tasse vorwärmen, den Weinbrand einmessen und den Würfelzucker dazugeben. Den Asbach mit einem langen Streichholz anzünden und mit dem Barlöffel umrühren, so dass der Alkohol zum Teil verbrennt und der Zucker sich auflöst. Mit Kaffee ablöschen, eine Schlagobershaube/Schlagsahnehaube aufsetzen und mit den Schokoladenspänen bestreuen. Man serviert den Rüdesheimer Kaffee ohne Löffel und Trinkhalm.

IRISH COFFEE

REZEPTUR: 4 cl Irish Whiskey, $^{1}/_{8}$ l heißer Kaffee, 2 Barlöffel brauner Zucker, halbgeschlagenes Schlagobers/Sahne.

SONSTIGES: Irish Coffeeglas, Messglas, Barlöffel, Unterteller, Brenner.

ZUBEREITUNG: Whiskey in das Glas messen und den Zucker dazugeben. Das Glas so lange über der Flamme des Brenners drehen, bis sich der Zucker aufgelöst hat. Das Glas mit der Öffnung über die Flamme halten, bis der Alkohol brennt. Mit Kaffee ablöschen und das halbgeschlagene Obers/Schlagsahne vorsichtig über den Rücken des Barlöffels dazugeben, so dass es sich nicht mit dem Kaffee vermischt.

ZUBEREITUNG: Eiswürfel in den Shaker geben und die Zutaten außer Ginger Ale einmessen. Kräftig schütteln, mit dem Eis in das Longdrinkglas gießen und mit Ginger Ale auffüllen. Die Ananasspalte am Glasrand aufsetzen und den Trinkhalm in das Glas geben.

ANGÉLIQUE

REZEPTUR: 3 cl Galliano, 2 cl Orangensaft, 2 cl Obers/Sahne.

SONSTIGES: Shaker, Barlöffel, Messglas, Cocktailschale, Eiswürfel, geraspelte Kokosnuss.

ZUBEREITUNG: Eiswürfel in den Shaker geben und die Zutaten einmessen. Kurz, aber kräftig schütteln und in die Cocktailschale abseihen. Mit der geraspelten Kokosnuss bestreuen.

APRICOT COOLER

REZEPTUR: 4 cl Apricot Brandy, 2 cl Zitronensaft, 3 Spritzer Grenadinesirup, Ginger Ale oder Sodawasser.

SONSTIGES: Shaker, Barlöffel, Messglas, großes Longdrinkglas, Eiswürfel, Trinkhalm.

ZUBEREITUNG: Eiswürfel in den Shaker geben und die Zutaten außer Ginger Ale oder Sodawasser einmessen. Kräftig schütteln, in das Longdrinkglas abseihen und mit Ginger Ale oder Sodawasser auffüllen. Den Trinkhalm in das Glas geben.

APRICOT FIZZ

REZEPTUR: 4 cl Apricot Brandy, 4 cl Orangensaft, 2 cl Zitronensaft, 1 Barlöffel Zuckersirup, Sodawasser.

SONSTIGES: Shaker, Barlöffel, Messglas, Longdrinkglas, Eiswürfel, Trinkhalm.

ZUBEREITUNG: Eiswürfel in den Shaker geben. Die Zutaten außer dem Sodawasser einmessen und kräftig schütteln. In das Longdrinkglas abseihen, mit Sodawasser auffüllen und den Trinkhalm in das Glas geben.

BELLA ITALIA

REZEPTUR: 3 cl Amaretto, 2 cl Wermut bianco, 1 cl Zitronensaft.

SONSTIGES: Shaker, Barlöffel, Messglas, Cocktailglas, Eiswürfel, $^1/_2$ Zitronenscheibe.

ZUBEREITUNG: Eiswürfel in den Shaker geben und die Zutaten einmessen. Kräftig schütteln, in das Cocktailglas abseihen und die $^1/_2$ Zitronenscheibe am Glasrand aufsetzen.

BLANC CASSIS

REZEPTUR: 2 cl Crème de Cassis, 1/8 Liter Weißwein, Sodawasser.

SONSTIGES: Messglas, Longdrinkglas.

ZUBEREITUNG: Crème de Cassis in das Glas einmessen, den Weißwein darauf gießen und mit Sodawasser auffüllen.

CAFÉ MEXICO

REZEPTUR: 4 cl Kaffeelikör, 1 cl Rum weiß, 2 cl Zuckersirup, 1 cl Obers/Sahne, Eigelb.

SONSTIGES: Shaker, Barlöffel, Messglas, Cocktailschale, Eiswürfel, Bananenscheibe, geschlagenes Obers/geschlagene Sahne, Kakaopulver.

ZUBEREITUNG: Eiswürfel in den Shaker geben. Das Ei abklären, das Eigelb und die restlichen Zutaten einmessen und kurz, aber kräftig schütteln. In die Cocktailschale abseihen, das geschlagene Obers/geschlagene Sahne auf das Getränk geben und mit Kakaopulver bestreuen. Die Bananenscheibe am Glasrand dekorieren.

CAMPO DI SIENA

REZEPTUR: 4 cl Amaretto, 12 cl Orangensaft.

SONSTIGES: Barlöffel, Messglas, großes Longdrinkglas, gestoßenes Eis, Orangenscheibe, Trinkhalm.

ZUBEREITUNG: Das Longdrinkglas zu 1/3 mit gestoßenem Eis füllen. Die Zutaten einmessen und mit dem Barlöffel leicht umrühren. Die Orangenscheibe am Glasrand dekorieren und den Trinkhalm in das Glas geben.

DREAM OF CALIFORNIA

REZEPTUR: 2 cl Galliano, 1 cl Cointreau, 2 cl Orangensaft, 2 cl Obers/Sahne.

SONSTIGES: Shaker, Barlöffel, Messglas, Cocktailschale, Eiswürfel.

ZUBEREITUNG: Eiswürfel in den Shaker geben und die Zutaten einmessen. Kurz, aber kräftig schütteln und in die Cocktailschale abseihen.

DREAM OF ITALY

REZEPTUR: 2 cl Amaretto, 2 cl Galliano, 2 cl Tia Maria, 2 cl Obers/Sahne.

SONSTIGES: Shaker, Barlöffel, Messglas, Cocktailschale, Eiswürfel, Schokoladeraspel, rosa Zuckerrand.

ZUBEREITUNG: Die Cocktailschale mit einem rosa Zuckerrand versehen. Eiswürfel in den Shaker geben und die Zutaten einmessen. Kurz, aber kräftig schütteln, in die Cocktailschale abseihen und etwas Schokoladeraspel darauf streuen.

FERNET-MENTHE

REZEPTUR: 4 cl Fernet Branca, 2 cl Crème de Menthe weiß.

SONSTIGES: Rührglas, Barsieb, Barlöffel, Messglas, Cocktailglas, Eiswürfel, Minzenzweig.

ZUBEREITUNG: Eiswürfel in das Rührglas geben und die Zutaten einmessen. Mit dem Barlöffel kräftig vermischen und mit dem Barsieb in das Cocktailglas abseihen. Den Minzenzweig am Glasrand dekorieren.

FJORD CLUB

REZEPTUR: 4 cl Campari, 2 cl Cointreau, 1 Barlöffel Zitronensaft, 1 Barlöffel Grapefruitsaft, 1 Barlöffel Zuckersirup.

SONSTIGES: Shaker, Barlöffel, Messglas, Sektschale, Eiswürfel, Zitronenscheibe, Cocktailkirsche auf Stick.

ZUBEREITUNG: Eiswürfel in den Shaker geben und die Zutaten einmessen. Kräftig schütteln und in die Sektschale abseihen. Die Zitronenscheibe am Glasrand aufsetzen und die Cocktailkirsche dazustecken.

FROMME HELENE

REZEPTUR: 3 cl Maraschino, 3 cl Eierlikör.

SONSTIGES: Barlöffel, Messglas, Cocktailschale, gestoßenes Eis, 2 kurze Trinkhalme.

ZUBEREITUNG: Das gestoßene Eis in Form eines Kegels in der Cocktailschale aufbauen. Die Zutaten einmessen, mit dem Barlöffel vorsichtig umrühren und die Trinkhalme in das Glas geben.

GALLIANO SOUR

REZEPTUR: 3 cl Galliano, 2 cl Orangensaft, 2 cl Zitronensaft, 1 Barlöffel Zuckersirup.

SONSTIGES: Shaker, Barlöffel, Messglas, Old-Fashioned-Glas, Eiswürfel, Orangenscheibe, Zitronenscheibe, Cocktailkirsche auf Stick, Sodawasser.

ZUBEREITUNG: Eiswürfel in den Shaker geben und die Zutaten außer dem Sodawasser einmessen. Kräftig schütteln, in das Old-Fashioned-Glas abseihen und einen Schuss Sodawasser darauf geben. Den Garnitur-Stick in das Glas hängen.

GIRL'S FRIENDSHIP

REZEPTUR: 2 cl Amaretto, 2 cl Wermut rot, 2 cl Rum weiß, Ginger Ale.

SONSTIGES: Shaker, Barlöffel, Messglas, Longdrinkglas, Eiswürfel, Orangenspirale, Cocktailkirsche, Trinkhalm.

ZUBEREITUNG: Eiswürfel in den Shaker geben und die Zutaten außer Ginger Ale einmessen. Kräftig schütteln, in das Longdrinkglas abseihen und mit Ginger Ale auffüllen. Die Orangenspirale in das Glas hängen, die Cocktailkirsche und den Trinkhalm in das Glas geben.

GOLDEN CADILLAC

REZEPTUR: 2 cl Galliano, 1 cl Bananenlikör, 2 cl Orangensaft, 2 cl Obers/Sahne.

SONSTIGES: Shaker, Barlöffel, Messglas, Cocktailschale, Eiswürfel, Bananenscheibe.

ZUBEREITUNG: Eiswürfel in den Shaker geben und die Zutaten einmessen. Kräftig schütteln und in die Cocktailschale abseihen. Die Bananenscheibe am Glasrand dekorieren.

GRASSHOPPER

REZEPTUR: 2 cl Crème de Menthe grün, 2 cl Crème de Cacao weiß, 2 cl Obers/Sahne.

SONSTIGES: Shaker, Barlöffel, Messglas, Cocktailschale, Eiswürfel.

ZUBEREITUNG: Eiswürfel in den Shaker geben und die Zutaten einmessen. Kurz, aber kräftig schütteln und in die Cocktailschale abseihen.

GREEN SEA

REZEPTUR: 2 cl Crème de Menthe grün, 3 cl Cointreau, 2 cl Zitronensaft.

SONSTIGES: Shaker, Barlöffel, Messglas, Cocktailglas, Eiswürfel, Zitronenscheibe.

ZUBEREITUNG: Eiswürfel in den Shaker geben und die Zutaten einmessen. Kräftig schütteln, in das Cocktailglas abseihen und die Zitronenscheibe am Glasrand dekorieren.

GREYHOUND

REZEPTUR: 3 cl Cointreau, 2 cl Crème de Bananes, 2 cl White Port.

SONSTIGES: Shaker, Barlöffel, Messglas, Cocktailschale, Eiswürfel, Schokoladeraspel.

ZUBEREITUNG: Eiswürfel in den Shaker geben und die Zutaten einmessen. Kurz, aber kräftig schütteln, in die Cocktailschale abseihen und mit Schokoladeraspel bestreuen.

ITALIAN SUMMER

REZEPTUR: 2 cl Amaretto, 2 cl Cointreau, 2 cl Wermut trocken, 1 Spritzer Angosturabitter, Bitter Lemon.

SONSTIGES: Shaker, Barlöffel, Messglas, Longdrinkglas, Eiswürfel, Zitronenscheibe, Trinkhalm.

ZUBEREITUNG: Eiswürfel in den Shaker geben und die Zutaten außer Bitter Lemon einmessen. Kräftig schütteln, in das mit einigen Eiswürfeln gefüllte Longdrinkglas abseihen und mit Bitter Lemon auffüllen. Die Zitronenscheibe am Glasrand dekorieren und den Trinkhalm in das Glas geben.

LA BELLE

REZEPTUR: 2 cl Cointreau, 2 cl Wermut trocken, 2 cl Obers/Sahne.

SONSTIGES: Shaker, Barlöffel, Messglas, Cocktailschale, Eiswürfel.

ZUBEREITUNG: Eiswürfel in den Shaker geben und die Zutaten einmessen. Kurz, aber kräftig schütteln und in die Cocktailschale abseihen.

LADY'S FAVORITE COCKTAIL

REZEPTUR: 4 cl Apricot Brandy, 2 cl Obers/Sahne.

SONSTIGES: Shaker, Barlöffel, Messglas, Cocktailschale, Eiswürfel.

ZUBEREITUNG: Eiswürfel in den Shaker geben und die Zutaten einmessen. Kurz, aber kräftig schütteln und in die Cocktailschale abseihen.

LUGANO

REZEPTUR: 2 cl Amaretto, 2 cl Apricot Brandy, 4 cl Orangensaft, Bitter Orange.

SONSTIGES: Shaker, Barlöffel, Messglas, Longdrinkglas, Eiswürfel, Orangenscheibe, Trinkhalm.

ZUBEREITUNG: Eiswürfel in den Shaker geben und die Zutaten außer Bitter Orange einmessen. Kräftig schütteln, in das Longdrinkglas abseihen und mit Bitter Orange auffüllen. Die Orangenscheibe am Glasrand dekorieren und den Trinkhalm in das Glas geben.

MEMORIES OF ITALY

REZEPTUR: 2 cl Galliano, 2 cl Batida de Coco, 2 cl Orangensaft.

SONSTIGES: Shaker, Barlöffel, Messglas, Cocktailschale, Eiswürfel, Orangenspalte und Erdbeere auf Stick.

ZUBEREITUNG: Eiswürfel in den Shaker geben und die Zutaten einmessen. Kräftig schütteln und in die Cocktailschale abseihen. Den Garnitur-Stick dazugeben.

OBELIX

REZEPTUR: 4 cl Galliano, 2 cl Maraschino, 2 cl Obers/Sahne.

SONSTIGES: Shaker, Barlöffel, Messglas, Cocktailschale, Eiswürfel.

ZUBEREITUNG: Eiswürfel in den Shaker geben und die Zutaten einmessen. Kurz, aber kräftig schütteln und in die Cocktailschale abseihen.

SAFARI COOLER

REZEPTUR: 4 cl Apricot Brandy, 2 cl Grenadinesirup, 4 cl Kokosmilch, 6 cl Ananassaft.

SONSTIGES: Elektrischer Mixer, Barlöffel, Messglas, Longdrinkglas, Eiswürfel, Zitronenscheibe, Trinkhalm.

ZUBEREITUNG: Eiswürfel in den Mixer geben. Die Zutaten einmessen und bei hoher Geschwindigkeit mixen. Mit dem Eis in das Longdrinkglas gießen, die Zitronenscheibe am Glasrand aufsetzen und den Trinkhalm in das Glas geben.

SCARLETT O'HARA

REZEPTUR: 3 cl Southern Comfort, 2 cl Zitronensaft, 1 cl Grenadinesirup.

SONSTIGES: Shaker, Barlöffel, Messglas, Cocktailglas, Eiswürfel, Pfirsichspalte.

ZUBEREITUNG: Eiswürfel in den Shaker geben und die Zutaten

einmessen. Kräftig schütteln und in das Cocktailglas abseihen. Die Pfirsichspalte am Glasrand aufsetzen.

SOUTHERN COMFORT SOUR

REZEPTUR: 4 cl Southern Comfort, 2 cl Zitronensaft, 2 Barlöffel Orangensaft, $^1/_2$ Eiweiß.

SONSTIGES: Shaker, Barlöffel, Messglas, Old-Fashioned-Glas, Eiswürfel, Orangenscheibe und Cocktailkirsche auf Stick.

ZUBEREITUNG: Eiswürfel in den Shaker geben. Das Ei abklären, das $^1/_2$ Eiweiß sowie die restlichen Zutaten einmessen und kräftig schütteln. In das Old-Fashioned-Glas abseihen und den Garnitur-Stick in das Glas hängen.

SPEEDY GONZALES FLIP

REZEPTUR: 5 cl Cointreau, 2 cl Zitronensaft, 2 Barlöffel Zuckersirup, Eigelb.

SONSTIGES: Shaker, Barlöffel, Messglas, Sekttulpe, Eiswürfel, Muskatnuss.

ZUBEREITUNG: Eiswüfel in den Shaker geben. Das Ei abklären, das Eigelb mit den restlichen Zutaten einmessen und kurz, aber kräftig schütteln. In die Sekttulpe abseihen und mit Muskatnuss bestreuen.

TEXAS

REZEPTUR: 2 cl Crème de Bananes, 2 cl Curacao blue, 3 cl Batida de Coco, Ananassaft.

SONSTIGES: Shaker, Barlöffel, Messglas, Longdrinkglas, Eiswürfel, geschlagenes Obers/geschlagene Sahne, Erdbeere, rosa Zuckerrand, Trinkhalm.

ZUBEREITUNG: Das Longdrinkglas mit einem rosa Zuckerrand versehen. Eiswürfel in den Shaker geben und die Zutaten außer dem Ananassaft einmessen. Kräftig schütteln, in das Longdrinkglas abseihen und mit Ananassaft auffüllen. Eine Schlagobers-/Schlagsahnehaube aufsetzen, die Erdbeere am Glasrand dekorieren und den Trinkhalm in das Glas geben.

YELLOW DREAM

REZEPTUR: 2 cl Southern Comfort, 2 cl Grand Marnier, 2 cl Obers/Sahne, Eigelb, Galliano.

SONSTIGES: Shaker, Barlöffel, Messglas, Sektschale, gestoßenes Eis, Orangenscheibe, Erdbeere.

ZUBEREITUNG: Das gestoßene Eis in den Shaker geben. Das Ei abklären, das Eigelb und die restlichen Zutaten einmessen und kurz, aber kräftig schütteln. Mit dem Eis in die Sektschale gießen, die Orangenscheibe und die Erdbeere am Glasrand dekorieren.

ALKOHOLFREIE MIXGETRÄNKE

AMAZONAS

REZEPTUR: 4 cl Mangosaft, 2 cl Zitronensaft, 2 cl Maracujasaft, 1 Spritzer Angosturabitter, Sodawasser.

SONSTIGES: Shaker, Barlöffel, Messglas, Longdrinkglas, Eiswürfel, Zitronenscheibe, Kiwischeibe, Erdbeere,Trinkhalm.

ZUBEREITUNG: Eiswürfel in den Shaker geben und die Zutaten außer Sodawasser einmessen. Kräftig schütteln, in das Longdrinkglas abseihen und mit Sodawasser auffüllen. Zitronen-Kiwischeibe und Erdbeere am Glasrand dekorieren und den Trinkhalm in das Glas geben.

ANANASMILCH (für 4 Personen)

REZEPTUR: $^1/_2$ l Milch, 2 Barlöffel Honig, 2 cl Zitronensaft, 4 Kugeln Erdbeereis, 1 kleine Dose Ananasstücke.

SONSTIGES: Elektrischer Mixer, Barlöffel, Messglas, 4 hohe Gläser, Trinkhalme.

ZUBEREITUNG: Den Inhalt der Dose im Mixer pürieren, Milch, Honig und Zitronensaft einmessen und gut vermischen. Je 1 Kugel Erdbeereis in die Gläser geben und mit dem Inhalt des Mixers auffüllen. Mit den Trinkhalmen servieren.

BANANEN SMOOTHY

REZEPTUR: $^1/_4$ Bananenjoghurt, $^1/_2$ Banane, 6 cl Milch, 3 cl Obers/Sahne, 5 cl Ananassaft.

SONSTIGES: Elektrischer Mixer, Barlöffel, Messglas, Ballonglas, Eiswürfel, Ananasscheibe, Erdbeere, Kiwischeibe, Trinkhalm.

ZUBEREITUNG: Eiswürfel in den Mixer geben und die Zutaten einmessen. Die Banane in kleine Stücke schneiden und ebenfallls dazugeben. Gut mixen und mit dem Eis in das Ballonglas gießen. Ananasscheibe, Erdbeere und Kiwischeibe am Glasrand dekorieren und den Trinkhalm dazugeben.

BEACH COOLER

REZEPTUR: 6 cl Ananassaft, 6 cl Orangensaft, 3 cl Erdbeersirup, Ginger Ale.

SONSTIGES: Barlöffel, Messglas, Longdrinkglas, Eiswürfel, Erdbeere, Trinkhalm.

ZUBEREITUNG: Das Longdrinkglas zu $^3/_4$ mit Eiswürfel füllen. Die Zutaten außer dem Ginger Ale einmessen und mit dem Barlöffel umrühren. Mit Ginger Ale auffüllen, die Erdbeere am Glasrand dekorieren und den Trinkhalm in das Glas geben.

BINGO

REZEPTUR: 2 cl Himbeersirup, 2 cl Ananassaft, 1 Spritzer Angosturabitter, Ginger Ale.

SONSTIGES: Barlöffel, Messglas, Longdrinkglas, Eiswürfel, Orangenscheibe, Trinkhalm.

ZUBEREITUNG: Das Longdrinkglas zu $^2/_3$ mit Eiswürfel füllen. Himbeersirup, Ananassaft und Angostura einmessen und mit Ginger Ale auffüllen. Leicht umrühren und die Orangenscheibe am Glasrand dekorieren. Den Trinkhalm in das Glas geben.

BONANZA FREEZE

REZEPTUR: 4 cl Ananassaft, 4 cl Orangensaft, $^1/_8$ l Sodawasser, 1 Kugel Fruchteis.

SONSTIGES: Barlöffel, Messglas, Longdrinkglas, gestoßenes Eis, Orangenscheibe, Ananasspalte, Limonadenlöffel, Trinkhalm.

ZUBEREITUNG: Das Longdrinkglas zur Hälfte mit gestoßenem Eis füllen. Sodawasser und anschließend Ananas- und Orangensaft darauf gießen. Mit dem Barlöffel umrühren und das Fruchteis darauf geben. Ananasspalte und Orangenscheibe am Glasrand aufsetzen und mit Limondenlöffel und Trinkhalm servieren.

BOSTON

REZEPTUR: 1 cl Himbeersirup, 3 cl Orangensaft, 1 cl Pfefferminzsirup, 1 cl Zitronensaft, 1 Eigelb, Sodawasser.

SONSTIGES: Shaker, Barlöffel, Messglas, Old-Fashioned-Glas, Eiswürfel, Muskatnuss, Trinkhalm.

ZUBEREITUNG: Eiswürfel in den Shaker geben und die Zutaten außer dem Sodawasser einmessen. Das Ei abklären und das Eigelb ebenfalls dazugeben. Kräftig schütteln, in das mit einigen Eiswürfeln gefüllte Old-Fashioned-Glas abseihen, mit Sodawasser auffüllen und mit einer Prise Muskatnuss bestreuen. Den Trinkhalm in das Glas geben.

CAPETOWNS CUP

REZEPTUR: 8 cl Orangensaft, 2 cl Zitronensaft, 1 cl Zuckersirup, 2 cl Limettensirup, Seven up.

SONSTIGES: Rührglas, Barsieb, Barlöffel, Messglas, Longdrinkglas, Eiswürfel, Früchtespieß, Trinkhalm.

ZUBEREITUNG: Eiswürfel in das Rührglas geben und die Zutaten außer dem Seven Up einmessen. Gut umrüheren, in das mit einigen Eiswürfeln gefüllte Longdrinkglas abseihen und mit Seven Up auffüllen. Den Früchtespieß über den Glasrand legen und den Trinkhalm in das Glas geben.

CAPRICE

REZEPTUR: 1 cl Bananensirup, 2 cl Limettensirup, Bitter Orange.

SONSTIGES: Barlöffel, Messglas, Longdrinkglas, Eiswürfel, Orangenscheibe, Trinkhalm.

ZUBEREITUNG: Das Longdrinkglas zu $^2/_3$ mit Eiswürfel füllen. Bananensirup, Limettensirup einmessen und mit Bitter Orange auffüllen. Die Orangenscheibe am Glasrand aufsetzen und den Trinkhalm in das Glas geben.

CARIBBEAN SUNRISE

REZEPTUR: 4 cl Ananassaft, 2 cl Zitronensaft, 1 Spritzer Grenadinesirup, 2 cl Coconut Cream

SONSTIGES: Shaker, Barlöffel, Messglas, Old-Fashioned-Glas, Eiswürfel, gestoßenes Eis, Zitronenscheibe.

ZUBEREITUNG: Eiswürfel in den Shaker geben und die Zutaten einmessen. Kräftig schütteln und in das zu $^2/_3$ mit gestoßenem Eis gefüllte Old-Fashioned-Glas abseihen. Mit der Zitronenscheibe am Glasrand dekorieren

CEYLON BLOSSOM

REZEPTUR: 2 cl Coconut Cream, 3 cl Mangosaft, 3 cl Maracujasaft, 1 cl Zitronensaft, 1 Schuss Grenadinesirup.

SONSTIGES: Shaker, Barlöffel, Messglas, Sektschale, Eiswürfel, Mangospalte.

ZUBEREITUNG: Eiswürfel in den Shaker geben und die Zutaten einmessen. Kräftig schütteln, in die Sektschale abseihen und mit der Mangospalte am Glasrand dekorieren.

CHERRY BLOSSOM

REZEPTUR: 6 cl Kirschensaft, 4 cl Orangensaft, 4 cl Marillen-/Aprikosensaft, Mineralwasser.

SONSTIGES: Shaker, Barlöffel, Messglas, Longdrinkglas, Eiswürfel, Orangenscheibe, Cocktailkirsche auf Stick, Trinkhalm.

ZUBEREITUNG: Eiswürfel in den Shaker geben und die Zutaten außer dem Mineralwasser einmessen. Kräftig schütteln, in das Longdrinkglas abseihen und mit dem Mineralwasser auffüllen. Die Orangenscheibe am Glasrand aufsetzen, die Cocktailkirsche dazustecken und den Trinkhalm in das Glas geben.

CHERRY LADY

REZEPTUR: 5 cl Grapefruitsaft, 4 cl Zitronensaft, 5 cl Kirschensaft, 1 cl Preiselbeersirup, 2 cl Obers/Sahne.

SONSTIGES: Shaker, Barlöffel, Messglas, Longdrinkglas, Eiswürfel, Zitronenscheibe, Cocktailkirsche, Trinkhalm.

ZUBEREITUNG: Eiswürfel in den Shaker geben und die Zutaten einmessen. Kräftig schütteln und mit dem Eis in das Longdrinkglas gießen. Die Zitronenscheibe am Glasrand aufsetzen und Cocktailkirsche und Trinkhalm in das Glas geben.

COCONUT KISS

REZEPTUR: 4 cl Orangensaft, 4 cl Ananassaft, 2 cl Obers/Sahne, 2 cl Coconut Cream.

SONSTIGES: Shaker, Barlöffel, Messglas, Sektkelch, Eiswürfel, Zimt.

ZUBEREITUNG: Eiswürfel in den Shaker geben und die Zutaten einmessen. Kräftig schütteln, in den Sektkelch abseihen und mit einer Prise gemahlenem Zimt bestreuen.

COCONUT LIPS

REZEPTUR: 2 cl Himbeersirup, 6 cl Ananassaft, 4 cl Obers/Sahne, 2 cl Coconut Cream.

SONSTIGES: Shaker, Barlöffel, Messglas, Longdrinkglas, Eiswürfel, gestoßenes Eis, Ananasspalte mit Blättern, Cocktailkirsche auf Stick, Trinkhalm.

ZUBEREITUNG: Eiswürfel in den Shaker geben und die Zutaten einmessen. Kräftig schütteln und in das zu $^2/_3$ mit gestoßenem Eis gefüllte Longdrinkglas abseihen. Die Ananasspalte am Glasrand aufsetzen und die Cocktailkirsche dazustecken. Trinkhalm in das Glas geben.

DAVIS CUP

REZEPTUR: 8 cl Grapefruitsaft, 4 cl Ananassaft, 4 cl Orangensaft, 1 cl Zitronensaft, 1 Barlöffel Grenadinesirup.

SONSTIGES: Barlöffel, Messglas, Longdrinkglas, Eiswürfel, Orangenscheibe, Cocktailkirsche, Trinkhalm.

ZUBEREITUNG: Einige Eiswürfel in das Longdrinkglas geben und die Zutaten außer dem Grenadinesirup einmessen. Mit dem Barlöffel umrühren und danach den Grenadinesirup vorsichtig darauf gießen. Orangenscheibe und Cocktailkirsche am Glasrand dekorieren und den Trinkhalm in das Glas geben.

DAYLIGHT

REZEPTUR: 3 cl Coconut Cream, 6 cl Milch, 1 Barlöffel Grenadinesirup, $^1/_2$ Banane.

SONSTIGES: Elektrischer Mixer, Barlöffel, Messglas, Longdrinkglas, Eiswürfel, 2 Bananenscheiben, Trinkhalm.

ZUBEREITUNG: Eiswürfel in den Mixer geben und die Zutaten einmessen. Die Banane in kleine Stücke schneiden und ebenfalls dazugeben. Gut mixen und mit dem Eis in das Longdrinkglas gießen. Die Bananenscheiben am Glasrand dekorieren und den Trinkhalm in das Glas geben.

ERDBEEREN SMOOTHY

REZEPTUR: $^1/_4$ Erdbeerjoghurt, 6 frische Erdbeeren, 2 cl Mangosirup, 6 cl Milch, 3 cl Obers/Sahne, 5 cl Orangensaft.

SONSTIGES: Elektrischer Mixer, Barlöffel, Messglas, Ballonglas, Eiswürfel, 2 Erdbeeren, 1 Karambolescheibe, 1 Orangenscheibe, Trinkhalm.

ZUBEREITUNG: Eiswürfel in den Mixer geben, die Zutaten einmessen, die Erdbeeren halbieren und ebenfalls dazugeben. Gut mixen und mit dem Eis in das Ballonglas gießen. Karambolescheibe, Erdbeeren und Orangenscheibe am Glasrand dekorieren und den Trinkhalm in das Glas geben.

FIRST HOLE

REZEPTUR: 2 cl Zitronensaft, 2 cl Erdbeersirup, 2 cl Grenadinesirup, Tonic Water.

SONSTIGES: Shaker, Barlöffel, Messglas, Longdrinkglas, Eiswürfel, Melonenspalte, Erdbeere, 2 Kiwischeiben, 2 Erdbeerscheiben, Trinkhalm, Stirer, Cocktailstick.

ZUBEREITUNG: Eiswürfel in den Shaker geben und die Zutaten außer dem Tonic Water einmessen. Kräftig schütteln, in das Longdrinkglas abseihen und mit Tonic Water auffüllen. Die Melonenspalte am Glasrand aufsetzen und die Erdbeere darauf stecken. Kiwi- und Erdbeerscheiben sowie den Trinkhalm in das Glas geben.

FLORIDA 1

REZEPTUR: 4 cl Orangensaft, 4 cl Grapefruitsaft, 4 cl Ananassaft, 2 cl Zitronensaft, 2 cl Maracujasirup.

SONSTIGES: Shaker, Barlöffel, Messglas, Longdrinkglas, Eiswürfel, Ananasscheibe, Trinkhalm, Stirer.

ZUBEREITUNG: Eiswürfel in den Shaker geben und die Zutaten einmessen. Kräftig schütteln und in das mit einigen Eiswürfeln gefüllte Longdrinkglas abseihen. Die Ananasscheibe am Glasrand dekorieren, Trinkhalm und Stirer in das Glas geben.

FLORIDA 2

REZEPTUR: 6 cl Ananassaft, 6 cl Orangensaft, 2 cl Grapefruitsaft, 2 cl Zitronensaft, 2 cl Grenadinesirup.

SONSTIGES: Barlöffel, Messglas, großes Longdrinkglas, Eiswürfel, Orangenscheibe, Cocktailkirsche, Cocktailstick, Trinkhalm.

ZUBEREITUNG: Das Longdrinkglas zur Hälfte mit Eiswürfeln füllen, alle Zutaten außer dem Grenadinesirup einmessen und mit dem Barlöffel umrühren. Anschließend den Grenadinesirup darauf gießen. Die Orangenscheibe am Glasrand aufsetzen, die Cocktailkirsche dazustecken und den Trinkhalm in das Glas geben.

FLORIDA 3

REZEPTUR: 6 cl Orangensaft, 3 cl Maracujasaft, 3 cl Mangosaft, 2 cl Grapefruitsaft, 2 cl Zitronensaft, 2 cl Grenadinesirup.

SONSTIGES: Barlöffel, Messglas, großes Longdrinkglas, Eiswürfel, Orangenscheibe, Cocktailkirsche auf Stick, Trinkhalm.

ZUBEREITUNG: Das Longdrinkglas zur Hälfte mit Eiswürfeln füllen, alle Zutaten außer dem Grenadinesirup einmessen und mit dem Barlöffel umrühren. Zum Schluss den Grenadinesirup darauf gießen. Die Orangenscheibe am Glasrand dekorieren und die Cocktailkirsche dazustecken. Den Trinkhalm in das Glas geben.

FRUIT PUNCH

REZEPTUR: 6 cl Orangensaft, 6 cl Ananassaft, 6 cl Papayasaft, $^1/_2$ Banane, 2 cl Erdbeersirup.

SONSTIGES: Elektrischer Mixer, Barlöffel, Messglas, großes Longdrinkglas, gestoßenes Eis, Ananasspalte, Orangenscheibe, Erdbeere, Trinkhalm.

ZUBEREITUNG: Gestoßenes Eis in den Mixer geben und die Zutaten einmessen. Die Banane zerkleinern und ebenfalls dazugeben. Gut mixen und mit dem Eis in das Longdrinkglas gießen. Ananasspalte, Orangenscheibe und Erdbeere am Glasrand aufsetzen und den Trinkhalm in das Glas geben.

FRUITY LEMON

REZEPTUR: 1 cl Zitronensaft, 1 Barlöffel Grenadinesirup, 6 cl Vitaminnektar, Bitter Lemon.

SONSTIGES: Shaker, Barlöffel, Messglas, Longdrinkglas, Eiswürfel, Orangenscheibe, Karambolescheibe, Cocktailkirsche, Cocktailspieß, Trinkhalm.

ZUBEREITUNG: Eiswürfel in den Shaker geben und die Zutaten außer dem Bitter Lemon einmessen. Kräftig schütteln, in das Longdrinkglas abseihen und mit Bitter Lemon auffüllen. Orangen- und Karambolescheibe am Glasrand aufsetzen und die Cocktailkirsche mit dem Cocktailspieß dazustecken. Den Trinkhalm in das Glas geben.

GIRL'S DELIGHT

REZEPTUR: 2 Barlöffel Zuckersirup, 1 Barlöffel Vanillezucker, 1 cl Zitronensaft, $^1/_8$ l Buttermilch, 1 Kugel Vanilleeis, 1 Pfirsich.

SONSTIGES: Elektrischer Mixer, Barlöffel, Messglas, Longdrinkglas, Trinkhalm.

ZUBEREITUNG: Zuckersirup, Vanillezucker, Zitronensaft und den geviertelten Pfirsich in den Mixer geben und gut mixen. Die Buttermilch auf niedriger Stufe dazumischen. Das Vanilleeis in das Longdrinkglas geben und den Inhalt des Mixers dazugießen. Mit dem Trinkhalm servieren.

GLASGOW

REZEPTUR: 2 cl Zitronensaft, 3 Barlöffel Zuckersirup, Ginger Ale.

SONSTIGES: Barlöffel, Messglas, Longdrinkglas, Eiswürfel, Zitronenscheibe, Trinkhalm.

ZUBEREITUNG: Das Longdrinkglas zur Hälfte mit Eiswürfeln füllen und die Zutaten außer dem Ginger Ale einmessen. Mit Ginger Ale auffüllen, mit dem Barlöffel umrühren, die Zitronenscheibe am Glasrand dekorieren und den Trinkhalm in das Glas geben.

GRAPEFRUIT COCKTAIL

REZEPTUR: 4 cl Grapefruitsaft, 2 cl Traubensaft weiß, 2 Barlöffel Zuckersirup.

SONSTIGES: Rührglas, Barsieb, Barlöffel, Messglas, Cocktailglas, Eiswürfel, weiße und dunkle Trauben auf Stick.

ZUBEREITUNG: Eiswürfel in den Shaker geben und die Zutaten einmessen. Kräftig schütteln und in das Cocktailglas abseihen. Den Weintraubenspieß in das Glas geben.

HAMILTON

REZEPTUR: 6 cl Ananassaft, 4 cl Zitronensaft, 2 cl Grenadinesirup, Sodawasser.

SONSTIGES: Shaker, Barlöffel, Messglas, Longdrinkglas, Eiswürfel, Ananasspalte, Zitronenspalte, Trinkhalm.

ZUBEREITUNG: Eiswürfel in den Shaker geben und die Zutaten außer dem Sodawasser einmessen. Kräftig schütteln, in das Longdrinkglas abseihen und mit Sodawasser auffüllen. Ananas- und Zitronenspalte am Glasrand dekorieren und den Trinkhalm in das Glas geben.

HAPPY AFTERNOON

REZEPTUR: 3 cl Orangensaft, 3 cl Maracujasaft, 6 cl Ananassaft, 6 cl Bananensaft, 2 cl Mangosirup, 2 cl Kokosnusssirup.

SONSTIGES: Elektrischer Mixer, Barlöffel, Messglas, Ballonglas, Eiswürfel, Orangenspalte, Cocktailkirsche, Cocktailstick, Trinkhalm.

ZUBEREITUNG: Eiswürfel in den Mixer geben und die Zutaten einmessen. Gut mixen, und mit dem Eis in das Ballonglas gießen. Die Orangenspalte am Glasrand dekorieren, die Cocktailkirsche dazustecken und den Trinkhalm in das Glas geben.

HAPPY HOUR

REZEPTUR: 6 cl Johannisbeersaft, 3 cl Orangensaft, 3 cl Pfirsichsaft, 2 cl Zitronensaft, 2 cl Maracujasaft, 2 cl Coconut Cream.

SONSTIGES: Elektrischer Mixer, Barlöffel, Messglas, großes Longdrinkglas, Eiswürfel, Ananasspalte, Orangenscheibe, Cocktailkirsche auf Stick, Trinkhalm.

ZUBEREITUNG: Eiswürfel in den Mixer geben und die Zutaten einmessen. Gut mixen und mit den Eiswürfeln in das Longdrinkglas gießen. Ananasspalte und Orangenscheibe am Glasrand aufsetzen und die Cocktailkirsche dazustecken. Den Trinkhalm in das Glas geben.

HAWAIIAN SMOOTHY

REZEPTUR: 1/4 Mix Fruchtjoghurt, 2 Ananasscheiben, 2 Barlöffel Honig, 6 cl Milch, 3 cl Obers/Sahne, 5 cl Ananassaft.

SONSTIGES: Elektrischer Mixer, Barlöffel, Messglas, Ballonglas, Eiswürfel, Ananasspalte mit Blättern, Cocktailkirsche auf Stick, Trinkhalm.

ZUBEREITUNG: Eiswürfel in den Mixer geben und die Zutaten einmessen. Die Ananasscheiben vierteln und ebenfalls dazugeben. Gut mixen und mit dem Eis in das Ballonglas gießen. Die Ananasspalte am Glasrand dekorieren und die Cocktailkirsche dazustecken. Den Trinkhalm in das Glas geben.

HEALTHY GIRL

REZEPTUR: 6 cl Maracujasaft, 4 cl Grapefruitsaft, 1 Barlöffel Grenadinesirup, Sodawasser.

SONSTIGES: Shaker, Barlöffel, Messglas, Longdrinkglas, Eiswürfel, Kiwischeibe, Cocktailkirsche, Cocktailstick, Trinkhalm.

ZUBEREITUNG: Eiswürfel in den Shaker geben und die Zutaten außer dem Sodawasser einmessen. Kräftig schütteln, in das mit einigen Eiswürfeln gefüllte Longdrinkglas abseihen und mit Sodawasser

CHERRY LADY

REZEPTUR: 5 cl Grapefruitsaft, 4 cl Zitronensaft, 5 cl Kirschensaft, 1 cl Preiselbeersirup, 2 cl Obers/Sahne.

SONSTIGES: Shaker, Barlöffel, Messglas, Longdrinkglas, Eiswürfel, Zitronenscheibe, Cocktailkirsche, Trinkhalm.

ZUBEREITUNG: Eiswürfel in den Shaker geben und die Zutaten einmessen. Kräftig schütteln und mit dem Eis in das Longdrinkglas gießen. Die Zitronenscheibe am Glasrand aufsetzen und Cocktailkirsche und Trinkhalm in das Glas geben.

FLORIDA 2

REZEPTUR: 6 cl Ananassaft, 6 cl Orangensaft, 2 cl Grapefruitsaft, 2 cl Zitronensaft, 2 cl Grenadinesirup.

SONSTIGES: Barlöffel, Messglas, großes Longdrinkglas, Eiswürfel, Orangenscheibe, Cocktailkirsche, Cocktailstick, Trinkhalm.

ZUBEREITUNG: Das Longdrinkglas zur Hälfte mit Eiswürfeln füllen, alle Zutaten außer dem Grenadinesirup einmessen und mit dem Barlöffel umrühren. Anschließend den Grenadinesirup darauf gießen. Die Orangenscheibe am Glasrand aufsetzen, die Cocktailkirsche dazustecken und den Trinkhalm in das Glas geben.

auffüllen. Kiwischeibe und Cocktailkirsche auf den Stick stecken und über den Glasrand legen. Den Trinkhalm in das Glas geben.

HIMBEER SMOOTHY

REZEPTUR: 1/4 Himbeerjoghurt, 10 Himbeeren, 2 cl Himbeersaft, 6 cl Milch, 3 cl Obers/Sahne, 5 cl Orangensaft.

SONSTIGES: Elektrischer Mixer, Barlöffel, Messglas, Ballonglas, Eiswürfel, Ananasspalte, Karambolescheibe, Orangenscheibe, Trinkhalm.

ZUBEREITUNG: Eiswürfel in den Mixer geben und die Zutaten einmessen. Gut mixen und mit dem Eis in das Ballonglas gießen. Ananasspalte, Orangen- und Karambolescheibe am Glasrand dekorieren und den Trinkhalm in das Glas geben.
Sollte kein Fruchtjoghurt vorhanden sein, geben Sie bei allen Smoothies 2 cl Zuckersirup zur Grundrezeptur!

HIMBEER-BUTTERMILCH

REZEPTUR: 1/8 l Buttermilch, 1 Esslöffel Schlagobers/Schlagsahne, 1 Barlöffel Honig, 100 g frische oder tiefgekühlte Himbeeren.

SONSTIGES: Elektrischer Mixer, Barlöffel, Esslöffel, Ballonglas, Eiswürfel, 2 Himbeeren, Trinkhalm.

ZUBEREITUNG: Eiswürfel, Buttermilch, Honig und die Himbeeren in den Mixer geben und gut durchmixen. Mit dem Eis in das Ballonglas gießen, Schlagobers/Schlagsahne auf dem Drink aufsetzen und mit den Himbeeren garnieren. Den Trinkhalm in das Glas geben.

HONGKONG

REZEPTUR: 6 cl Orangensaft, 6 cl Ananassaft, 4 cl Zitronensaft, 2 cl Grenadinesirup, 2 cl Mandarinensirup.

SONSTIGES: Shaker, Barlöffel, Messglas, Longdrinkglas, Eiswürfel, Ananasscheibe, Cocktailkirsche, Erdbeere, Trinkhalm.

ZUBEREITUNG: Eiswürfel in den Shaker geben und die Zutaten einmessen. Kräftig schütteln und mit dem Eis in das Longdrinkglas gießen. Ananasscheibe, Erdbeere am Glasrand aufsetzen, Cocktailkirsche und Trinkhalm in das Glas geben.

IGOR

REZEPTUR: 2 Kugeln Vanilleeis, 6 cl Milch, 2 cl Orangensirup, Sodawasser.

SONSTIGES: Barlöffel, Messglas, Longdrinkglas, Trinkhalm.

ZUBEREITUNG: Die Zutaten außer dem Sodawasser in das Longdrinkglas geben und gut verrühren. Mit Sodawasser auffüllen und den Trinkhalm in das Glas geben.

JAMAICA

REZEPTUR: 1/8 l Ananassaft, 2 cl Zitronensaft, 2 cl Grenadinesirup.

SONSTIGES: Barlöffel, Messglas, großes Longdrinkglas, Eiswürfel, Orangenscheibe, Cocktailkirsche, Cocktailstick, Trinkhalm.

ZUBEREITUNG: Das Longdrinkglas zur Hälfte mit Eiswürfeln füllen. Die Zutaten einmessen und mit dem Barlöffel umrühren. Die Orangenscheibe am Glasrand dekorieren, die Cocktailkirsche dazustecken und den Trinkhalm in das Glas geben.

JUNIOR COLADA

REZEPTUR: 10 cl Ananassaft, 1 cl Zitronensaft, 2 cl Obers/Sahne, 2 cl Coconut Cream.

SONSTIGES: Shaker, Barlöffel, Messglas, Longdrinkglas, Eiswürfel, Ananasspalte, Zitronenscheibe, Trinkhalm.

ZUBEREITUNG: Eiswürfel in den Shaker geben und die Zutaten einmessen. Kräftig schütteln und mit dem Eis in das Longdrinkglas gießen. Ananasspalte und Zitronenscheibe am Glasrand dekorieren und den Trinkhalm in das Glas geben.

KONGO BREW

REZEPTUR: 2 cl Orangensaft, 2 cl Mangosaft, 1 cl Grapefruitsaft, 1 Barlöffel Limettensirup.

SONSTIGES: Shaker, Barlöffel, Messglas, Cocktailschale, Eiswürfel, Zitronenscheibe.

ZUBEREITUNG: Eiswürfel in den Shaker geben und die Zutaten einmessen. Kräftig schütteln, in die Cocktailschale abseihen und mit der Zitronenscheibe garnieren.

LIMBO

REZEPTUR: 6 cl Orangensaft, 6 cl Ananassaft, 1 cl Mangosirup, 1 cl Maracujasirup, 8 cl Milch.

SONSTIGES: Elektrischer Mixer, Barsieb, Barlöffel, Messglas, großes Kelchglas, Eiswürfel, Ananasspalte mit Blättern, Cocktailkirsche, Trinkhalm.

ZUBEREITUNG: Die Säfte und den Sirup in den Mixer einmessen und gut vermischen. Einige Eiswürfel und die Milch dazugeben und noch einmal gut mixen. In das Glas abseihen, die Ananasspalte am Glasrand aufsetzen, Cocktailkirsche und Trinkhalm in das Glas geben.

LUCKY DRIVER

REZEPTUR: 5 cl Orangensaft, 5 cl Ananassaft, 4 cl Grapefruitsaft, 2 cl Zitronensaft, 2 cl Coconut Cream.

SONSTIGES: Elektrischer Mixer, Barlöffel, Messglas, Longdrinkglas, Eiswürfel, Orangenscheibe, Ananasscheibe, Trinkhalm.

ZUBEREITUNG: Eiswürfel in den Mixer geben und die Zutaten einmessen. Gut mixen und mit den Eiswürfeln in das Longdrinkglas gießen. Orangen- und Ananasscheibe am Glasrand dekorieren und den Trinkhalm in das Glas geben.

MANGO FLIP

REZEPTUR: 4 cl Mangosirup, 4 cl Zitronensaft, $^1/_2$ Eigelb.

SONSTIGES: Shaker, Barlöffel, Messglas, Sektkelch, Eiswürfel, Muskatnuss.

ZUBEREITUNG: Eiswürfel in den Shaker geben. Das Ei abklären, das $^1/_2$ Eigelb und die restlichen Zutaten einmessen. Kräftig schütteln, in den Sektkelch abseihen und mit Muskatnuss bestreuen.

MARACUJA SUNRISE

REZEPTUR: 4 cl Maracujasaft, 4 cl Pfirsichsaft, 1 cl Zitronensaft, 1 Barlöffel Grenadinesirup.

SONSTIGES: Shaker, Barlöffel, Messglas, Old-Fashioned-Glas, Eiswürfel, Zitronenscheibe, Pfirsichspalte, 2 kurze Trinkhalme.

ZUBEREITUNG: Eiswürfel in den Shaker geben und die Zutaten außer dem Grenadinesirup einmessen. Kräftig schütteln und in das Old-Fashioned-Glas abseihen. Den Grenadinesirup vorsichtig über den Rücken des Barlöffels in das fertige Getränk gießen. Zitronenscheibe und Pfirsichspalte am Glasrand dekorieren und die Trinkhalme in das Glas geben.

MARADONNA

REZEPTUR: 10 cl Maracujasaft, 4 cl Milch, 2 cl Maracujasirup.

SONSTIGES: Shaker, Barlöffel, Messglas, Longdrinkglas, Eiswürfel, Trinkhalm.

ZUBEREITUNG: Eiswürfel in den Shaker geben und die Zutaten

einmessen. Kräftig schütteln und mit dem Eis in das Longdrinkglas gießen. Den Trinkhalm dazugeben.

MONALISA

REZEPTUR: 2 cl Zitronensaft, 2 cl Grapefruitsaft, 1 cl Grenadinesirup, 2 Barlöffel Obers/Sahne, 1 Barlöffel Zuckersirup, 1 Ei, Bitter Lemon.

SONSTIGES: Shaker, Barlöffel, Messglas, Longdrinkglas, Eiswürfel, Zitronenscheibe, Trinkhalm.

ZUBEREITUNG: Eiswürfel in den Shaker geben und die Zutaten außer dem Bitter Lemon einmessen. Kräftig schütteln, in das Longdrinkglas abseihen und mit Bitter Lemon auffüllen. Die Zitronenscheibe am Glasrand dekorieren und den Trinkhalm in das Glas geben.

NECO

REZEPTUR: 4 cl Orangensaft, 4 cl Ananassaft, 2 cl Zitronensaft, 2 cl Mandelsirup.

SONSTIGES: Shaker, Barlöffel, Messglas, Longdrinkglas, Eiswürfel, Cocktailkirschen, Trinkhalm, Stirer.

ZUBEREITUNG: Eiswürfel in den Shaker geben. Die Zutaten einmessen und kräftig schütteln. In das mit einigen Eiswürfeln gefüllte Longdrinkglas abseihen. Cocktailkirschen, Trinkhalm und Stirer in das Glas geben.

PEPPINO

REZEPTUR: $^1/_8$ l Multivitaminsaft, $^1/_2$ Banane, 4 frische Erdbeeren, 8 Himbeeren, 1 Barlöffel Erdbeersirup.

SONSTIGES: Elektrischer Mixer, Barlöffel, Messglas, Longdrinkglas, Eiswürfel, 1 Erdbeere, Trinkhalm.

ZUBEREITUNG: Eiswürfel in den Mixer geben. Den Multivitaminsaft, die Früchte und den Erdbeersirup dazugeben, gut mischen und in das Longdrinkglas gießen. Die Erdbeere am Glasrand dekorieren und den Trinkhalm in das Glas geben.

POMPADOUR

REZEPTUR: 2 cl Coconut Cream, 2 cl Zitronensaft, 4 cl Orangensaft, $^1/_2$ Eiweiß.

SONSTIGES: Shaker, Barlöffel, Messglas, Sektschale, Eiswürfel, Orangenscheibe, Cocktailkirsche auf Stick.

ZUBEREITUNG: Eiswürfel in den Shaker geben und die Zutaten

einmessen. Das Ei abklären und das $^1/_2$ Eiweiß dazugeben. Kräftig schütteln und in die Sektschale abseihen. Die Orangenscheibe am Glasrand aufsetzen und die Cocktailkirsche dazustecken.

RED BRASIL

REZEPTUR: 2 cl Mangosirup, 6 cl Apfelsaft, 3 cl Orangensaft, 3 cl Ananassaft, 2 cl Obers/Sahne, 2 cl Coconut Cream, 1 Barlöffel Grenadinesirup.

SONSTIGES: Elektrischer Mixer, Barlöffel, Messglas, Longdrinkglas, Eiswürfel, Ananascheibe, Apfelspalte, Erdbeere, Trinkhalm.

ZUBEREITUNG: Eiswürfel in den Mixer geben und die Zutaten einmessen. Gut mixen und mit dem Eis in das Longdrinkglas gießen. Ananasscheibe, Apfelspalte und die Erdbeere am Glasrand dekorieren und den Trinkhalm in das Glas geben.

SAN FRANZISCO

REZEPTUR: 5 cl Orangensaft, 5 cl Ananassaft, 3 cl Coconut Cream, 2 cl Grenadinesirup, 2 cl Zitronensaft, $^1/_2$ Banane.

SONSTIGES: Elektrischer Mixer, Barlöffel, Messglas, Ballonglas, gestoßenes Eis, Pfirsichspalte, Cocktailkirsche, Cocktailstick, Trinkhalm.

ZUBEREITUNG: Gestoßenes Eis in den Mixer geben und die Zutaten einmessen. Die Banane zerkleinern und ebenfalls dazugeben. Gut mixen und mit dem Eis in das Ballonglas gießen. Die Pfirsichspalte am Glasrand dekorieren, die Cocktailkirsche dazustecken und den Trinkhalm in das Glas geben.

SANTA DOMINGO

REZEPTUR: 8 cl Orangensaft, 8 cl Ananassaft, 1 cl Maracujasirup, 2 cl Kiwisirup.

SONSTIGES: Elektrischer Mixer, Barlöffel, Messglas, Ballonglas, Eiswürfel, Kaktusfeigenscheibe, Trinkhalm.

ZUBEREITUNG: Eiswürfel in den Mixer geben und die Zutaten einmessen. Gut mixen und mit dem Eis in das Ballonglas gießen. Die Kaktusfeigenscheibe am Glasrand dekorieren und den Trinkhalm in das Glas geben.

SHOWBOAT

REZEPTUR: 2 cl Maracujasirup, 2 cl Grapefruitsaft, 1 cl Zitronensaft, 3 cl Orangensaft, 1 Barlöffel Grenadinesirup.

SONSTIGES: Shaker, Barlöffel, Messglas, Sektschale, Eiswürfel, Orangenscheibe.

ZUBEREITUNG: Eiswürfel in den Shaker geben und die Zutaten einmessen. Kräftig schütteln, in die Sektschale abseihen und die Orangenscheibe am Glasrand dekorieren.

SPORTSMAN

REZEPTUR: 6 cl Ananassaft, 1 Barlöffel Grenadinesirup, 1 Eigelb.

SONSTIGES: Shaker, Barlöffel, Messglas, Cocktailschale, Eiswürfel, Cocktailkirsche.

ZUBEREITUNG: Eiswürfel in den Shaker geben. Ananassaft und Grenadinesirup einmessen, das Ei abklären und das Eigelb dazugeben. Kräftig schütteln und in die Cocktailschale abseihen. Die Cocktailkirsche in das Glas geben.

STRAWBERRY FREEZE

REZEPTUR: 5 cl Ananassaft, 3 cl Erdbeersirup, 1/8 l Sodawasser, 1 Kugel Erdbeereis.

SONSTIGES: Barlöffel, Messglas, Longdrinkglas, gestoßenes Eis, Ananasscheibe, Erdbeere, Limonadenlöffel, Trinkhalm.

ZUBEREITUNG: Das Longdrinkglas zur Hälfte mit gestoßenem Eis füllen. Sodawasser und anschließend Ananassaft und Erdbeersirup darauf gießen. Mit dem Barlöffel umrühren und das Erdbeereis darauf geben. Ananasscheibe und Erdbeere am Glasrand aufsetzen und mit Limonadenlöffel und Trinkhalm servieren.

STRAWBERRY SPECIAL

REZEPTUR: 6 cl Ananassaft, 8 cl Orangensaft, 2 cl Zitronensaft, 2 cl Erdbeersirup, 4 frische Erdbeeren.

SONSTIGES: Elektrischer Mixer, Barlöffel, Barsieb, Messglas, Longdrinkglas, Eiswürfel, Erdbeere, Trinkhalm.

ZUBEREITUNG: Eiswürfel in den Mixer geben und die Zutaten einmessen. Die Erdbeeren halbieren und ebenfalls dazugeben. Gut mixen, in das Longdrinkglas abseihen und die Erdbeere am Glasrand dekorieren. Den Trinkhalm in das Glas geben.

SUMMER DELIGHT

REZEPTUR: 2 cl Limettensaft, 2 cl Himbeersirup, Sodawasser.

SONSTIGES: Barlöffel, Messglas, Longdrinkglas, Eiswürfel, 2 Himbeeren, Trinkhalm.

ZUBEREITUNG: Einige Eiswürfel in das Longdrinkglas geben. Limettensaft und Himbeersirup einmessen, mit dem Barlöffel verrühren und mit Sodawasser auffüllen. Die Himbeeren am Glasrand dekorieren und den Trinkhalm in das Glas geben.

TROPIC GLORY

REZEPTUR: 4 cl Pfirsichsaft, 4 cl Grapefruitsaft, 4 cl Bananensaft, 2 cl Grenadinesirup, Tonic Water.

SONSTIGES: Shaker, Barlöffel, Messglas, Longdrinkglas, Eiswürfel, Pfirsichspalte, Trinkhalm.

ZUBEREITUNG: Eiswürfel in den Shaker geben und die Zutaten außer dem Tonic Water einmessen. Kräftig schütteln, in das Longdrinkglas abseihen und mit der Pfirsichspalte am Glasrand dekorieren. Den Trinkhalm in das Glas geben.

TROPICAL DREAM

REZEPTUR: 4 cl Multivitaminsaft, 4 cl Maracujasaft, 2 cl Marcujasirup, Bitter Lemon.

SONSTIGES: Shaker, Barlöffel, Messglas, Longdrinkglas, Eiswürfel, Kiwischeibe, Minzenzweig, Trinkhalm.

ZUBEREITUNG: Eiswürfel in den Shaker geben und die Zutaten außer dem Bitter Lemon einmessen. Kräftig schütteln, in das Longdrinkglas abseihen und mit Bitter Lemon auffüllen. Die Kiwischeibe am Glasrand dekorieren, Minzenzweig und Trinkhalm in das Glas geben.

VIRGIN BARBADOS

REZEPTUR: 3 cl Coconut Cream, $^1/_8$ l Orangensaft, 1 Banane.

SONSTIGES: Elektrischer Mixer, Barlöffel, Messglas, Ballonglas, gestoßenes Eis, Minibanane.

ZUBEREITUNG: Gestoßenes Eis in den Mixer geben, Coconut Cream und Orangensaft einmessen. Die Banane zerkleinern und ebenfalls dazugeben. Gut mixen und mit dem Eis in das Ballonglas gießen. Die Minibanane am Glasrand aufsetzen und den Trinkhalm in das Glas geben.

VIRGIN COLADA

REZEPTUR: 3 cl Coconut Cream, 2 cl Obers/Sahne, 8 cl Ananassaft, Ananasscheibe.

SONSTIGES: Elektrischer Mixer, Barlöffel, Messglas, großes Kelchglas, gestoßenes Eis, Ananasspalte mit Blättern, Cocktailkirsche, Cocktailstick, Trinkhalm.

ZUBEREITUNG: Gestoßenes Eis in den Mixer geben und die Zutaten einmessen. Die Ananasscheibe dazugeben und gut vermischen. Mit dem Eis in das Kelchglas gießen, die Ananasspalte am Glasrand aufsetzen und die Cocktailkirsche dazustecken. Trinkhalm in das Glas geben

VIRGIN MARY

REZEPTUR: 2 cl Zitronensaft, 1/8 l Tomatensaft, 1 Spritzer Tabasco, 1 Spritzer Worcestersauce, Salz, Pfeffer.

SONSTIGES: Barlöffel, Messglas, Longdrinkglas, Eiswürfel, Zitronenspalte, Stirer.

ZUBEREITUNG: Einige Eiswürfel in das Longdrinkglas geben, die Zutaten darauf gießen und mit dem Barlöffel umrühren. Die Zitronenspalte auf den Glasrand stecken und den Stirer in das Glas geben.

WHITE BRASIL

REZEPTUR: 2 cl Coconut Cream, 2 cl Obers/Sahne, 4 cl Ananassaft, 2 cl Zitronensaft, 1 cl Zuckersirup.

SONSTIGES: Elektrischer Mixer, Barlöffel, Messglas, Longdrinkglas, Eiswürfel, Ananasspalte mit Blättern, Erdbeere, Trinkhalm.

ZUBEREITUNG: Eiswürfel in den Mixer geben und die Zutaten einmessen. Gut mixen und mit dem Eis in das Longdrinkglas gießen. Die Ananasspalte und die Erdbeere am Glasrand aufsetzen. Den Trinkhalm in das Glas geben.

WINDSURFER

REZEPTUR: 4 cl Grapefruitsaft, 2 cl Grenadinesirup, Bitter Lemon.

SONSTIGES: Barlöffel, Messglas, Longdrinkglas, Eiswürfel, Apfelspalte, Karambolescheibe, Erdbeere, Trinkhalm.

ZUBEREITUNG: Das Longdrinkglas zu 2/3 mit Eiswürfel füllen. Grapefruitsaft und Grenadinesirup einmessen und mit Bitter Lemon auffüllen. Mit dem Barlöffel leicht umrühren, Apfelspalte, Karambolescheibe und Erdbeere am Glasrand dekorieren. Den Trinkhalm in das Glas geben.

REGISTER

Reihenfolge der Abbildungen mit den dazugehörigen Rezepten: